여름이 긴 것은

수박을 많이 먹으라는 뜻이다

 028　　과일

여름이 긴 것은
수박을 많이 먹으라는 뜻이다
쩡찌

;

Editor's Letter

　　어젯밤부터 냉장고에 넣어둔 수박을 꺼내 반으로 한 번, 그걸 또 반으로 한 번, 그리고 마지막으로 또 반으로 한 번 더 자른 뒤, 하모니카처럼 양손에 들고 와사삭 한입 크게 깨어 물고 싶은 초여름입니다. 생각만 해도 주르륵 과즙이 입안에 고입니다.

　　지구가 몸살을 겪을수록 여름이 길어진다고 하는데, 덥고 습한 날씨가 유독 힘든 사람들에게 이 계절이 주는 유일한 위로는 과일이 아닐까 합니다. 사람들의 옷소매가 짧아지고 온도계의 수은주가 올라갈 때마다 마치 계절이 부리는 마법으로 여겨볼 수 있지 않을까요. 여름은 우리를 지치게 하기도 하지만 우리를 한 뼘 더 자라게도 합니다. 뜨거운 햇살을 받고 힘껏 영글어 수박과 복숭아와 참외의 당도가 최상위에 도달했을 때, 우리들도 기분 좋게 기지개를 폅니다.

　　귀청 터져라 울어대는 매미 울음소리를 배경음악 삼은 채 시원한 대나무 돗자리에 앉아 엄마가 썰어주는 수박을 기다리던 어린 시절이 떠오릅니다. 우로 좌로 고개를 끊임없이 돌려대는 회전 모드 선풍기 앞에서 입을 한껏 크게 벌리고 "아아아~" 목소리의 진동이 만들어내는 떨림을 즐기면서요.

그리하여 마침내 당도한 수박 한 조각을 한입 가득 베어 물고, 앞니 두 개와 혓바닥 끝을 이용해 씨를 훌훌 뱉어내다가, 가끔 귀찮으면 그냥 모른 척 꿀꺽 삼키기도 하고, 하나쯤은 콧방울 옆에 붙이고 오서방 흉내를 내다가 깔깔깔 배꼽을 잡습니다. 수박 하나로 온 우주를 다 가진 것만 같던 그때의 우리는 이제 내가 먹을 수박쯤은 직접 손질하는 어른으로 자랐습니다. 고마운 사람에게, 기운이 필요한 사람에게, 기쁜 날을 맞은 사람에게, 과일을 선물할 줄 아는 사람이 되었습니다.

이제서야 과일에 담긴 '믿기지 않을 정도로 크고 둥근' 세계를 짐작할 수 있습니다. 과일에는 어쩐지 무엇이든 잘해보고 싶은 의지가 담겨 있다는 것도요. 그러나 잘해내지 못했더라도 괜찮습니다. 우리에게는 상처와 흠집을 견뎌낼 시간이 있으니까요. 그 시간은 길면 길수록 좋고요. 여름이 길어질수록 수박을 많이 먹을 수 있는 것처럼요.

Editor 김지향

차례

프롤로그 과일이 맛있어지려나 봐   8

탄생, 오랑우탄   10
여름의 홀케이크   20
엄마가 나와서 사과 먹으래   28
태양의 카르텔   36
불합격의 맛   46
나도 상처받아   52
참외 꼭지의 냄새   60
조린 사과 샌드위치   66
맛있으면 바나나   72
과일의 아이   80
수박 특집   88
메로나와 멜론의 상관관계   102

키위 공포증   108
아낌없이 주는 과일 가게   114
감 떨어지기를 기다리기   126
슬픔과 과일의 단맛은 수용성   132
최고의 딸기 맛   142
한 알 먹는다고 했다가 두 알 먹는다고
　　해버렸디   152
눈 위를 걷기   156
과일의 위로   162
토마토는 채소일까 과일일까   170
백화점 청과 코너에서 아르바이트를 한
　　이야기   176
과일 인사   186

프롤로그

과일이 맛있어지려나 봐

어느 날은 너무 더웠다. 또 어느 날은 몹시 추웠다. 어느 낮은 마구 더웠다가 밤이면 매섭게 추워졌다. 더 더워야 해. 충분히 추워야 해. 넉넉히 젖어야 해. 펄펄 말려야 해. 그래야 과일이 맛있어진다고. 어디서 배운 건지 알 수 없는 그 이야기를 이름 모를 열매처럼 가슴에 품고 나는 나무 아래를 걸었다. 아아, 과일이 맛있어지려나 봐. 그렇게 되뇌면서.

탄생, 오랑우탄

눈을 뜨자마자 사과를 먹었다. 정확히는 눈을 뜨려고 사과를 먹은 것이다. 냉장고에서 막 꺼낸 사과의 차가운 과즙이 기분 좋게 볼을 때린다. 과육을 물고 씹는 일을 반복하다 보면 스르르 몸의 창이 열리고 잠이 빠져나간다. 물론 실패할 때도 있다. 그런 때에는 그냥 사과를 먹고 다시 잠드는 사람이 된다. 그래도 사과는 맛있으니까 기분 좋게 잠드는 사람이 된다.

짧게 한 번 더 자고 일어나 요거트에 블루베리를 한 줌 뿌려 먹었다. 요즘 동네 과일 가게에서 블루베리를 싸게 파니까 좋다. 블루베리는 언제가 제철일까? 외국 과일은 철을 알기 어렵다. 과일은 계절을 따르고 외국의 계절은 어떻게 되는지 잘 모르니까. 계절이라는 것이 여름이나 겨울 하나로 묶이기도 하고, 계절이라는 단어를 쓰지 않는 나라가 있을 수도 있고. 그냥 수입이 많이 되는 시기를 철이라고 불러야 하나? 그래도 블루베리는 한국에서도 재배하니까. 블루베리 철이라는 말을 써도 될까? 두 다리쯤 건너 아는 사람이 수원에서 블루베리 농장을 한다고. 그런 이야기를 들었던 것 같다.

지금은 꼭지를 뗀 딸기를 먹으며 산문을 쓴다. 매일 먹는 과일을 기록하는 과일 일기를 써도 될 것이라는 생각이 든다. 쓰면 좋을 것이라는 생각은 안 했다. 별로 남에게도 나에게도 좋은 일인지는 모르겠으니까 안 쓴다. 지금 쓰는 이 산문도 과일 일기로 분류할 수 있겠지마는. 어쨌든 일기를 쓸 수 있을 만큼은 충분히 과일을 먹고 있다. 아니, 충분히 먹는 것이 아니라 과분히 먹고 있다. 이제 딸기 한 팩 다 먹었다. 몇 개 안 먹은 것 같은데 이상하네.

어째서일까. 매일 아침 사과를 깍둑깍둑 썰어 먹게 된 것은. 언제부터일까. 집에 과일이 두 종류 이상 있지 않으면 마음이 불안해지게 된 것은.

나는 과일을 많이 먹으면서 자랐다. 그건 풍족한 유년의 이야기처럼 들린다. 그러나 유년은 전혀 풍족하지 않았다. 찢어지는 정도였는지는 모르겠다. 어른은 그런 것을 숨긴다. 그러나 그럼에도 체감할 수 있을 정도로는 살림이 빠듯했고 형편을 내내 걱정했다.

엄마, 우리 가난했는데 어떻게 과일을 그렇게 많이 먹었지?

고향 집 거실에서 참외를 씹으며 물은 적이 있었다. 뭔가를 희생했다거나 불가피하게 견딘 시간에 대한 답이 돌아올까 약간 긴장했다. 엄마는 질문과 시차를 두지 않고 곧장 말했다.

"맛있어서?"

그렇지. 과일은 맛있지. 어쩔 수 없었네. 웃었다. 나는 분명히 보았다. 엄마가 식탁 앞에서 꼼꼼히 가계부를 쓰던 모습. 여러 개의 허름한 봉투나 영수증 따위를 늘어놓고 엄마는 가계부가 놓인 식탁보다 더 아래를 보듯 고개를 숙이곤 했다. 그래도 과일은 어떻게든 먹었다. 과일을 많이, 정말 많이 먹고 자랐다. 그건 행복한 이야기처럼 들리게 됐다. 과일을 많이 먹어서.

이야기가 사람과 사람에게로 굽이굽이 전해지듯이, 왠지 나도 엄마와 비슷한 살림을 하게 됐다. 대학생 때의 일이다. 자취를 하면서 달의 생활비를 정해두고 사용했다. 나름 아끼면서 살았지만 예기

치 않은 지출은 늘 발생했고 정말 남은 날을 이 돈으로 살아야 한다고? 싶은 달이 자주 있었다. (지금 생각하면 그냥 과일을 너무 많이 사 먹어서 생활비가 금세 동났던 것 같음.) 어느 달이었다. 수중에 남은 2만 원을 움켜쥐고 나는 마트로 갔다. 그리고 사과 한 봉지와 커다란 양배추 한 통을 샀다. 나는 마지막 남은 돈으로 사과를 사는 사람이구나. 그때에는 나름 절박한 소비였는데 지금 생각하니 웃긴다. 별로 기를 쓴 기억은 없는데 지독하게 과일을 많이 먹었다.

이렇게까지 과일을 먹는 건, 조금 이상한가? 풀리지 않는 의문을 가졌다. 사실 과일 먹기에 바빠서 별로 풀 생각은 안 했지만 어쨌든 답을 얻을 일이 생겼다.

누구 대접할 일은 별로 없이 혼자 과일을 먹다 보니 차림이 간소해진다. 간소해진다는 것은 꾸민 말이고, 그냥 입에 넣을 수 있는 형태만 겨우 갖춘다. 대강 껍질을 벗기고 먹기 불편하지 않은 정도로 동강을 낸다. 사과, 감 따위는 감자처럼 큼지막하게 깍둑 썰고 바나나는 숭덩숭덩 조각내 방울토마토 몇 알과 함께 큰 그릇에 쏟아붓는다. 그리고 어른 숟가락 하나. (포크로 먹으면 한 번에 한 조각밖에 못 집게 된다.) 과일을 종에 따라 각각 다른 접시에 예쁘게 담고, 이런 것도 없다. 어차피 배에 들어갈 것이고 그러면 다 똑같다.

어느 날 우리 집에 놀러 와 그 과일 그릇을 본 친구가 인터넷에서 본 오랑우탄 밥 같다 했다. 그렇구나. 그때 깨달았다. 내가 과일을 이렇게 좋아하는 것은, 오랑우탄이어서 그랬구나. 어쩐지 티브이에서 동물들이 과일을 따 먹는 장면을 보면 침이 고이고 그리운 마음이 들더라. 그냥 내 몸에 수렵과 채집의 역사가 남아서 그런 줄 알았어. 나는 오랑우탄이었구나. 덕분에 알았다, 고맙다 전하자 친구는 나를 외면했던 것 같다.

이후로 나는 좋아하는 음식을 묻는 질문에 이렇게 대답했다.

"저는 오랑우탄이에요."

과일을 너무 좋아해요. 과일을 좋아하는 사람이 세상에 참 많지만, 오랑우탄이라고 하면 어떤… 인간 종을 뛰어넘는 식성이 잘 전달되는 것 같았다. 오랑우탄이시구나. 네, 완전. 과일을 소재로 책을 써보겠느냐는 제안에 앞의 '과일'만 듣고 바로 "네!" 답을 할 정도로. (그 결과, 지금 책상 앞에 묶여 과일에 현혹된 벌을 받고 있다.) 실은 이 책의 제목도 '오랑우탄 밥그릇' 정도로 지을까 했었다. 그러나 인간으로서의 품위를 지키려는 허황된 꿈을 아직 놓지 못해서, 아니 오랑우탄의 품위도 별개로 중요하지만… 아무튼 그렇게 하지는 않았다.

과일을 많이 먹어요. 종을 다양하게 먹는 것은 아니고요. 그냥 많은 양을 먹습니다. 과일을 좋아합니다. 예전에 그런 놀이가 유행했어요. 무슨무슨 음식을 먹지 않으면 음식의 종류당 돈 1억을 준다는 가정을 하고, 도무지 포기하지 못하는 음식을 고르는 것이었는데요. 저는 1억 주면 과일 포기합니다. 사흘 정도 과일을 안 먹으면 마음이 떨리고 냉장고 문을 부채처럼 여러 번 뒤집기는 하는데요. 1억이 더 가지고 싶고요. 지금 1억 듣자마자 왜 빨리 통장에 안 넣어주나 조급하고요. 그래도 과일을 좋아해요. 너무 오래 오랑우탄으로 살아와서 과일을 대하는 인간의 마음을 어떻게 짐작할까 걱정도 되는데요. 그래도 써보겠습니다. 들어보세요, 오랑우탄의 이야기.

여름의 홀케이크

밤 골목의 소리가 풍성하게 무르익고, 서먹한 냄새를 무심결에 좇지. 어둠에 젖어 검은 잎사귀들. 윤곽은 무성해 바로 옆까지 다가온 것 같아. 어두컴컴한 아스팔트. 낮의 뜨거움이 끈질긴 권유처럼 달라붙어 떨어지지 않는다. 그러면 수박이 맛있어진다. 이것은 둥근 여름의 홀케이크 이야기이다.

　케이크를 그릴 때면 커다란 동그라미를 먼저 그었지. 모든 케이크가 동그라미는 아니었는데. 세모난 조각 케이크가 더 흔했을 거야. 그런데 내가 그린 것은 스케치북을 넘칠 듯 채운 동그라미. 크레파스를 꽉꽉 눌러서. 바라던 것은 딸기를 몇 개 올린 동그란 생크림케이크.

　동네 케이크 가게 진열장은 전부 합해 3층이었다. 제일 위층의 절반만 조각 케이크가 진열되어 있었다. 진열장의 나머지 공간은 원통형의 홀케이크가 채웠다. 치즈케이크, 고구마케이크, 생크림케이크. 때때로 누군가 주문 제작한 케이크가 화려한 모양으로 조명을 받아 빛났다. 세상에서 가장 맛있는 동그라미들이 주인을 기다리고 있었다. 나는 주로 조각

케이크를 샀다. 자주 먹지는 않았다. 나에게 케이크는 사치품이었다.

홀케이크는 정말 특별한 날에만 샀다. 내 특별 아니고 남의 특별. 가족이나 친구를 축하하는 때였다. 혼자서는 다 먹기 어렵다는 이유도 있었지만, 충분한 돈이 있어도 나를 위한 홀케이크는 선뜻 사지 않았다. 남을 위해서는 잘 사졌다. 사람은 그래. 늘 자신을 위해 살아간다고 하지만 때로 자신을 위한 일보다 상대를 위해 무언가를 하는 일이 더 쉽다. 그게 나에게는 홀케이크를 구입하는 일 같았다. 하굣길에 쇼윈도 너머로 훔쳐보던 웨딩드레스처럼, 꼭 그렇게 바라보던 진열장의 동그라미는 아주 근사했다.

그런데 여름이면 달랐다. 나는 몇 개라도 홀케이크를 가졌다. 그건 아주 둥근 기쁨. 스케치북 한 면을 전부 채우는 충만한 동그라미. 한 계절 내내 이어지는 축복이었다.

언젠가 이사를 한 집 사진을 꼼꼼히 보던 친구가, 틀린 그림을 찾아낸 듯 말했다.

혼자 사는 사람치고 냉장고가 크다. 별로 안 커. 수박 두 통이 들어가는 정도야. 그러자 친구가 왁 웃었다. 수박이 기준이야? 응. 수박이 기준이야. 내 냉장고는.

이전에 내가 거주한 모든 방은 가전이 옵션으로 달려 있었다. 작은 원룸용 가구에 끼워 맞춘 가전이 최소한만큼만 있었다. 언제 몸을 어떻게 옮기게 될지 모르니까, 가전을 구입할 비용을 아껴야 하니까, 그런 집만 봤다. 새 냉장고는 스스로 고른 첫 냉장고였다. 문이 두 개. 야채칸도 두 개. 냉동실은 세 칸 따로.

어느 여름이었나 봐. 시장을 지나는데 사람들이 우글우글 모여 있었어. 허리를 굽히고 수박을 고르고 있었지. 수박을 쌓은 모양새나 사람들의 머리가 모인 모양새나 별다르지 않았는데. 나는 그 머리들 속에 없었다. 있을 수 없었다. 우리 집 냉장고는 수박 한 통이 들어가지 않았거든. 넣으려면 넣을 수도 있는데⋯. 그러려면 반찬 통을 전부 꺼내야 했어. 잼

통도, 매실액 병도. 전에는 수박을 반이나 4분의 1 조각으로도 잘라 팔았던 것 같은데. 운이 좋을 때만 있나 봐. 동네 친구와 수박 한 통을 나눌 수 있다면 참 좋을 텐데. 동네에 친구는 드물었고, 나만큼 과일을 좋아하는 친구는 더욱 드물었고, 그나마도 음식물 쓰레기 처리가 곤란해 수박처럼 큰 과일은 부담스러워했다. 껍질 정도야 내가 대신 버려줄 수도 있는데. 남들은 그냥 안 먹고 마네. 수박을 통통 두드리는 소리를 듣다가 다시 내 원룸으로 걸었다. 더웠다. 시원한 수박을 원 없이 먹을 수 있다면. 배가 부를 때까지. 그런데 나도 안 먹고 마네. 수박은 사치품이었다.

이사를 하기 한 해나 두 해 전 즈음. 애플수박이니, 망고수박이니, 1kg 정도의 작은 수박이 유행했다. 그래도 아직 동네 마트나 시장에서 쉽게 구할 수는 없었고, 인터넷으로 주문은 됐다. (지금은 동네 마트에서도 꽤 보인다.) 버리는 것이 적고 보관이 쉽다고. 혼자서도 넉넉하게 먹을 수 있다고. 그런데 나는 큰 수박이 먹고 싶었다. 껴안으면 팔이 쑥 밑으로 꺼지는 커다랗고 무거운 수박. 수박을 엮어 묶은 끈을 오른쪽에서 왼쪽으로 다시 왼쪽에서 오른쪽으로 바꿔

쥐면서 걷고 싶었다. 잘 자란 송아지를 데리고 느리게 언덕을 넘듯이, 그런 마음으로 수박을 데리고 집에 가고 싶었다.

이제는 수박을 잘 산다. 8~10kg까지는 어려워도, 5~6kg이면 망설임 없이 살 수 있다. 혼자 지내는데 수박 한 통을 사? 동그랗게 뜨는 눈을 바라보고, 응 그렇지. 혼자 사는 사람에게 수박 한 통은 사치스럽지. 왜냐하면, 수박은 너무 크잖아. 그렇게 말하면서 웃었다. 그 사치가 좋았으니까. 그 수박은 내 거야. 그걸 어떻게 다 먹어? 수박은 물이야. 하루에 물 2L는 마셔야 한다고 하잖아. 그게 수박 반 통 정도는 되지 않을까? 그러니까 수박은 많이 먹어도 돼. 말도 안 되는 농담을 하고.

그런 농담이,

밤 골목의 소리가 풍성하게 무르익고, 서먹한 냄새를 무심결에 좇지. 어둠에 젖어 검은 잎사귀들. 윤곽은 무성해 바로 옆까지 다가온 것 같아. 어두컴컴한 아스팔트. 낮의 뜨거움이 끈질긴 권유처럼 달라붙어 떨어지지 않는다. 그러면 수박이 맛있어진다. 이것은 둥근 여름의 홀케이크 이야기이다. 나는 그래. 때로 나 자신을 위해 한 통의 수박을 산다. 이 홀케이크의 여름은 여러 번 갱신된다.

엄마가 나와서 사과 먹으래

친오빠와는 한 살 차이로, 과연 연년생답게 자주 싸웠다. 계기는 아무것이나 되었다. 오빠가 나보다 귤을 몇 개 더 먹어서. 같은 반찬을 잡으려다 젓가락이 부딪쳐서. 바로 옆에 놓인 휴지를 집어주지 않아서. 빌린 책을 제때 돌려주지 않아서. 아무것도 약속한 적이 없어서. 장난으로 투덜대기 시작한 것이 순식간에 진심을 다해 덤비는 다툼으로 번졌다. 몸싸움을 하는 일은 잘 없었지만 눈을 흘기고 큰소리를 질렀다. 서로 상처를 내려고. 그러나 정말 가슴 깊이 상처가 될 것 같은 말은 피하는 말싸움을 하다 보면 급격히 피로해지고 그러다가 속이 상해 각자의 방으로 틀어박혔다.

화가 났다는 것을 알 수 있게, 그러나 엄마한테 혼이 나지 않을 만큼만 문을 세게 닫고는, 귀와 마음에 남은 오빠의 목소리를 지우려 나는 라디오를 크게 틀었다. 그러면 잠시 후 여지없이 엄마가 내 방문을 노크했다.

"쩡찌야, 오빠한테 나와서 사과 먹으라고 그래."

엄마는 꼭 먼저 나에게 권했다. 엄마 나름대로 형제의 서열을 고려했을 수도 있다. 그러면 나는 하는 수 없이 혹은 못 이기는 척, 침대에서 내려가 오빠의 방 앞에 섰다.

　　오빠, 엄마가 나와서 사과 먹으래.

　　그러면 슬그머니 오빠가 방문을 열고 나왔다.

　　엄마와 나, 오빠가 둥근 과일 접시를 가운데에 두고 식탁에 서먹하게 앉았다. 다소 불편한 공기 속에서도 사과는 사과였다. 곧 모두가 사과를 집어 아삭아삭 씹었다. 싸움뿐 아니라 각자 마음 상한 일이 있을 때도 그랬다. 불도 켜지 않고 웅크려 있던 캄캄한 방에서 나와 아삭아삭 과일의 속살을 씹는 데 집중하다 보면 역시 뭐든 잘될 것 같지는 않았지만 과육을 삼키는 그 순간만은 괜찮은 것도 같았다. 씁쓸했던 입안이 향기롭고 달콤한 과즙으로 물컹 덮였다. 접시를 비울 때 즈음이면 식탁의 어색함은 사라지고 없었다.

　　오빠와의 싸움은 오빠가 대학 진학으로 상경하면서 그쳤지만, 나는 계속 다투고 있었다. 아무도 나에게 싸움을 걸지 않았는데, 나는 매일 세상과 싸우고 나와 싸웠다. 특히 나는 나와 자주 싸웠다. 물리적으로 싸운 것은 아니고 내 안의 이것과 또 다른 저것이 싸우다가 그만 내 몸과 마음의 등이 터져버리는 일이었다.

나는 언제 처음 나를 미워하게 되었을까? 모르겠다. 처음을 생각한다는 것은 이미 처음이 지났다는 것이고, 나는 지난 것에 대해서는 기억이 나쁘다. 기억만 나쁜 것이 아니다. 미래를 세워보려는 계획도 안 한다. 눈앞의 것에 쉽게 현혹되고 그것이 인과를 가지리라는 것을 알면서도 미래의 내가 어떻게든 해주겠지, 딱히 희망하지도 않으면서 막연하게 미룬다. 미래의 나도 나인데. 깊게 생각하지 않는다. 안 하기도 하고 못하기도 한다. 생각이 잘 안 된다. 안 되는 것은 쉽게 포기하고, 나에게 안 되는 것을 남에게 자주 의지하려 한다.

그밖에도 책임감이 약하고 몸과 마음이 빈번히 아프다. 약한 몸과 마음으로 이쪽도 저쪽도 아닌 채로 우왕좌왕한다. 중심에 잘 다가가지 않고 변두리를 서성인다. 간절함을 자주 달아나게 두고 그러면서 유성우를 찾고 커다란 달을 보면 소원을 빈다. 그런 내가 우습다고 생각하지만 정말로 웃지는 않는다. 평소 잘 웃는다. 잘 웃고 거의 매 순간을 지루해한다. 동작이 과장되고 자주 시든다. 어디로 도달하는지 도무지 짐작하지 않는다. 현재의 고통에 괴로워하며 먼 사랑에 손을 흔든다. 다 식은 가슴으로 고장 난 마음으로 사랑을 떠든다. 사랑을 하면 크게 떠들고 싶어한다. 망설이고 껴안고 상처받고 둔하고 그래서 늦게 아프고 많이 앓고 회복을 믿는다. 나는 내가 이상하고 이상함을 참으려는 생각은 별로 하지 않는다. 생각은 안 하기도 하고 못하기도 한다.

동시에 나는 이런 나에게 순정을 가지고 있고 진심으로 수용하려 한다. 그것이 가소로워 견딜 수 없을 때가 있다. 나는 나를 누구보다 좋아한다. 미워한다. 살고 싶다. 그러나 살아가고 싶지 않다. 매일 그런 것들과 싸웠다. 큰 싸움을 질질 끌면서 작은 불화를 끊임없이 이어갔다.

그렇게 마음이 사무치던 날이었다. 커튼을 치고

어둑한 방에 누웠다. 싸움은 별수 없이 후회와 상처를 남기고 그러다 보면 밥 같은 건 생각이 나지 않았다. 이렇게 누워서 굶어 죽어버려야지. 그러나 너는 못 굶어 죽는다. 밥을 먹게 될 것이다. 또 자신과 다투다 겨우 몸을 일으켜 부엌으로 갔지만 역시 밥을 차릴 생각은 들지 않아서 냉장고를 열어 사과를 한 알 꺼냈다. 대충 껍질에 물을 흘리고 칼을 넣어 한 조각만 떼어 먹었다. 아무리 울상을 해도 과일만은 입으로 잘 들어간다.

아삭아삭.

그렇게 사과 세 조각을 먹고 나서 나는 조용히 프라이팬에 불을 올렸다. 달걀을 굽고 인스턴트 국을 데워 밥 한 공기를 비웠다. 그리고 세 조각을 먹고 놓아둔 사과를 들어 평소보다 정성스럽게 깎았다. 과일 먹었고, 밥 먹었고, 또 과일 먹는다. 둥그런 접시에 놓인 사과. 칼을 처음 댈 때 바로 알았다. 속이 단단하고 맛있는 사과였다. 밀도 높은 과육. 씁쓸했던 입안이 새콤하고 달콤한 과즙으로 물컹 덮인다. 사과를 씹으며 어느새 나는 내가 괜찮은 것처럼 여기고 있었다. 역시 뭐든 잘될 것 같지는 않았지만 괜찮은 것도 같았다. 오빠, 엄마가 나와서 과일 먹으래. 슬그머니 방문을 열고 나오던 오빠처럼, 나처럼.

태양의 카르텔

돈을 주고도 살 수 없는 것. 우(友)와 애(愛), 평화와 행복(내 것은 조금 팔아진다.) 그리고… 그중에 참기름이 있다.

참기름 카르텔이라는 것이 있다. 참기름에 가짜는 없(겠)지만 진짜는 있다. 시판되는 참기름이 아닌 참기름. 정말 고소하고 맛이 좋은 '진짜' 참기름은 마트에서 구할 수 없다. 참깨 농사를 하는 시골 할머니를 가족으로 둔 지인을 통해, 혹은 그 지인의 지인을 통한 인간관계 속에서만 알음알음 접선하여 구할 수 있다. 마치 어떤 조직의 어두운 거래처럼. 조직의 불법 약물은 클럽이나 뒷골목에서 돈을 주면 구할 수 있겠지만 (안 구해봐서 모름.) 참기름은 그런 방식으로 구할 수 없다. 한 번 살 수 있었다고 해서 또 살 수 있는 것도 아니다. 참기름 생산이 그해 참깨 농사 작황에 따라 좌우되기 때문이다. 애초 팔려고 짜내는 것이 아니기 때문에 공급량 자체가 터무니없이 적다.

이 카르텔 참기름을 한번 먹으면 시판용은 먹지 못하게 된다. 맛이 현격하게 다르기 때문이다. 카르텔 참기름은, 참기름을 짜는 날이면 천 리 밖에서도 고소한 냄새를 맡을 수 있다고 한다. 마치 향이 만 리를 간다는 전설의 꽃 같다…. 연이 닿아야만 한다는 점에서 운명 같기도 하고, 구하기의 난이도를 생각하면 전설 같기도 하다. 이 참기름은 절대 사용하기 편리한 병에 담기지 않는다. 소주병 혹은 생수 통에 담겨, 그마저도 검정 비닐봉지 안에 모습을 감추고 온다.

과일에도 카르텔의 소문이 있다. 소문의 내용은 이렇다. 보기에 좋은 과일은 (먹기에도 물론 좋겠지만) 수출품으로 빠진다. 약간의 흠이 있지만 정말 맛있는 과일은 생산 지역에서 아는 사이를 돈다. 물론 진위는 알 수 없다. 나는 과일 카르텔의 중심은커녕 주변부에 머물러본 일도 없는 것이다.

이런 종류의 카르텔에 대해 인식하게 된 계기는 이천 쌀이었다. 이천 쌀 있잖아. 진짜 임금님이 먹던 이천 쌀은 도시 사람들은 못 먹는대. 전부 수출하거나 알음알음 이천 사람들끼리 돌려 먹어서. 그런 농촌 괴담 같은 이야기가 있어? 친구에게 이천 쌀 이야기를 듣고 그런 반응을 했다. 그리고 그 이야기를 잊을 때 즈음 그 친구는 사실 자신의 할머니 댁이 이천이라는, 정말 괴담다운 고백과 함께 500ml 페트병에 담긴 '진짜 이천 쌀'을 보여왔다.

    나는 그 뒤부터 쌀과 참기름, 과일의 카르텔을 다소 강하게 믿게 됐다. 어쩌면 제주의 조생귤도 임금님이 먹던 귤은 따로…. 물론 이천 쌀에 대한 진실 여부도 확인된 것은 아니다. 나는 이천에 사는 할머니도 없고 주변 누구도 벼농사를 짓지 않는다. 과수목을 기르는 친척도 없다. 귤을 컨테이너에 쌓아두고 마음대로 집어 가라 권한다는 제주에도 아는 사람이라곤 없다. 이렇게 과일을 좋아하도록 태어났는데. 조금 억울하다. 조금만 억울한 것은 내가 억울함이라는 감정을 그다지 잘 느끼지 않기 때문이다.

    다행히 대한민국이 좁아서, 그런 나에게도 카르텔에 접속할 기회가 몇 번 있었다. 친구가 준 감이었다. 다섯 개들이 단감 두 줄을 하루에 한 줄씩 이틀 만에 먹어치우고 입맛을 다시던 내가 또 감이 먹고 싶다고 하자, 친구가 문득 나 고향이 창원이잖아, 했다.

창원? 창원 단감 동네?

(나는 모든 지역을 특산 과일로 기억하는 경향이 있다.)

그렇지, 단감 동네.

친구의 삼촌이, 단감 동네 창원에서 단감 농사를 짓고 있다는 것이다. 며칠 뒤 친구에게 메시지가 왔다.

― 나 이번에 창원 내려갔다 왔잖아. 네가 감 좋아한다고 했더니 삼촌이 한 박스 보내주신다는데. 파는 건 아니고. 그래도 괜찮아?

괜찮은 정도가 아니다. 지금 무릎을 꿇고 창원의 감나무 가지를 내 방의 가장 안쪽으로 모시고 싶다. 깨끗한 물을 머리맡에 두어야 할 것 같다. 파는 것이 아니니 공짜로 보내준다는 것이 마음에 걸렸지만, 과일 앞에서 오랑우탄에게 남은 염치는 거의 없었다. 당장 주소와 연락처를 전했다. 이틀 뒤 10kg 정도 될까. 감 한 상자가 도착했다.

― 흠과이기는 한데, 그래도 좋은 것으로 골라서 보내셨대.

흠과라고 하지만 감에서 흠은 찾을 수 없었다.

감을 바닥에 하트 모양으로 정렬해 사진을 찍어 감사 인사를 전한 뒤, 나는 바로 칼을 들었다.

카르텔의 감은… 너무 달고 시원했다. 감 껍질이 어찌나 야들야들한지 씻은 그대로 먹어도 될 것 같았다. 과육을 깨물 때마다 입안에서 달콤한 과즙이 펑펑 터져 나와 반드시 입을 꼭 다물고 씹어야 했다. 이것이 카르텔의 맛. 카르텔의 맛은 참 좋구나. 이래서 다들 뒷골목을 걷는 것이구나. (아님.) 이래서 암흑의 거래가 근절되지 않는 것이구나. (아님.)

다음 해에는 그래도 약간 남은 염치로 돈을 드리고 감을 사 먹었다. 역시 참 맛있었다. 그러나 나의 감 카르텔은 친구의 삼촌이 감 농사를 접으면서 두 상자 만에 끝이 났다.

이후 카르텔에 속할 수 있는 기회는 쉬이 다시 오지 않았다. 그러므로 카르텔인 것이다. 쉽게 접근할 수 있다면 카르텔이 아니지. 그렇게 일을 하고 새로운 친구들을 사귀면서 몇 해를 보냈다. 마침내 지난해 가을, 그 새로 사귄 친구 중 한 명으로부터 메시지가 왔다.

― 뭐 해?
― 포도 먹고 있어.

대체로 나는 무엇을 해도 과일을 옆에 두고 먹고 있다. 그러자 친구는 자기 집에도 처치 곤란한 포도가 있다고 했다. 처치 곤란한 포도? 그런 성립이 불가능한 단어를 나열해도 합법인가? 친구는 말을 이었다. 아버지가 포도 농사를 짓고 있고, 그래서 철마다 포도가 늘 대량으로 집에 도착하며, 이번 포도는 샤인머스캣이라는 것이다.

카르텔이다. 왔다, 카르텔.

친구는 내가 카르텔로의 추악한 접근을 시도하기도 전에 포도를 보내주마 했다. 어차피 남는 포도라는 것이다. 어차피 남는 포도? 또 그런 불법 단어를… 생각했지만 나는 얌전히 감사 인사를 전했다.

마침 우리 동네에 들를 일이 있다던 친구가 포도 상자를 지하철역 코인 로커에 넣어두었다. 로커를 열고 손에 든 포도 상자가 상당히 묵직했다. 집으로 돌아 걸으며 어깨를 두 번 쉬었다. 그래도 신이 났다. 포도는 한눈에 봐도 송이가 통통했다. 현관문을 닫자마자 손과 함께 포도를 씻어 입에 넣었다. 얇디얇은 껍질이 이가 닿기도 전에 툭 벌어졌다. 너무 달다. 너무 달고 맛있다. 이런 맛은 불법이다. 현혹의 맛이기 때문이다. 악마는 포도를 들고 다니겠구나. 일단 이제 나는 아무 데서나 포도를 사 먹을 수 없다. 오직 카르텔의 맛을 기억하게 된다. 돈 주고도 살 수 없는 태양의 카르텔 맛을.

* * *

여담으로, 카르텔에 속해본바 카르텔의 일원이 되면 맛있는 과일뿐 아니라, 재미있는 뒷이야기도 몇 가지 들을 수 있다. 때로 과일보다 이것이 더 좋다.

1. 그래도 계속하는 거야

포도 카르텔 친구의 아버지는, 사실 동네에서 포도 농사를 못 짓기로 유명하다고 한다. 포도 상자에는 생산자의 실명을 기입하게 되어 있는데, 상자에 친구 아버지의 이름이 적혀 있으면 경매장에서 받아주지 않을 정도라고. 그럼 내가 먹은 포도는 뭐지? 아무튼 그럼에도 아버지는 포도 농사를 계속 짓는다고 했다.

— 일평생을 해도, 잘되지 않는 것도 있어. 그래도 계속하는 거야.

친구는 그런 말을 남겼다.

2. 바라 포도

'바라 포도'라는 것이 있다. '포도 바라'라고도 한다. 포도가 한 송이로 예쁘게 맺지 않고 기후에 따른 낙과 등 여러 가지 사정에 의해 반 토막이 나거나 알이 크게 여물지 않고 작게 자라는 경우가 있대. 그런 포도는 상품성이 없어 출하하지 못하고, 생산지에서 처분을 해야 하는데 전부 먹는 것은 불가능하니, 이 바라 포도를 포도즙으로 만든다고 한다. 그런데 이 바라 포도가 '진짜' 포도이기 때문에 포도즙이 달콤하고 맛있을 수밖에 없다는 것이다.

— 포도즙에 설탕 넣는 것이 아니었구나.
— 설탕 넣으면 안 돼.
— 왜?
— 이장님한테 혼나.

아무튼 바라 포도가 진짜야. 바라 포도가 진짜라고. 친구가 두 번 말했다. 친구의 이야기를 들으며 나는 또 바라 포도는 카르텔루 구할 수 없을까? 끝없는 검은 욕망을 알알이 만져보는 것이었다.

불합격의 맛

자주 불합격했다. 모양이 엉성해서. 매무새가 나빠서. 세게 쥐어 짓무르고 버리는 것이 많아서. 과일을 깎아내는 일이 쉽지 않았다. 과일을 깎는다는 것은 칼을 쓰는 일이고, 도구와 친숙하면 좋을 일이었으나 주변 누구도 내가 함부로 칼을 만지게 두지 않았다. 식도는 물론이고 날이 한 뼘이나 될까 하는 과도에도 그랬다. 그렇게 숙련이 어려운 환경에 꼼꼼하지 못하고 급한 성질이 거들었다. *아주 반은 버리네.* 과육이 달려 두툼한 껍질을 들어 눈높이에 갖다 대며 놀렸다. 누구는 심각한 얼굴로 아깝다, 아까워, 혀를 찼다. 불합격 선언이었다.

점수가 정해지지 않은 일에서 잘하고 못함이란 나름의 기준이 있겠지마는 과일 깎는 일은 더욱 엄격한 데가 있는 것 같다. 쟁반을 둘러싼 모두가 합불합을 반드시 나눠야 한다는 듯 판단을 하게 된다. 드라마에서도 그러잖아. 과일 깎는 일로 사람 간의 교제를 허락하기도 불허하기도 하고. 그런 가름이 되는 게 이상했다. 과일 깎기가 왜 기본 소양일까? 과일 깎기는 내 보기에 기술이었다. 훈련뿐 아니라 재능이 관여하는 칼잡이 기술. 과일 깎기에 영 재능이 없는 나는 차라리 감자나 양파를 깍둑깍둑 써는 일이 좋았다. (채소는 과일보다 얌전한 면이 있다.)

과일을 제대로 깎는 일은 무엇일까. 일정한 속도로 칼을 밀어내는 기술은 이해가 쉽다. 그런데 과일의 껍질을 얇게 벗겨 예쁘게 두는 것이 왜 잘 깎는 일이 될까? 예나 지금이나 과일이 귀하고 비싸서 그런가 싶다. 먹을 수 있는 부분은 전부 먹도록 해야 해서. 그래야 아깝지 않으니까. 그러니 나처럼 반이나 버리는 꼴에 탐탁지 않은 마음이 되는 것이다. 나는 불합격을 선고받고 여러 번 칼을 빼앗겼다.

엄마는 그런 기준으로 본다면 과일을 몹시 잘 깎았다. 육류를 정형하는 기술자처럼. 요령을 발휘해 순식간에 껍질과 과육을 분리했다. 단단하게 박힌 씨를 도리고 나면 버릴 것이 거의 없었다. 깎아낸 사과의 껍질이 종잇장처럼 얇아 어느 때는 뒤가 비쳐 보이기도 했다. 엄마의 과일은 얇은 여름옷을 입은 것 같아. 물론 내 과일은 둔한 패딩이었다. 숙련된 기술이 주는 안정은 놀라워서, 엄마의 과일 깎기를 멍하니 보고 있곤 했다. 엄마의 과일은 어디를 가도 누구에게 보여도 합격이었다.

　과일에는 나름의 부위가 있다. 생선은 머리와 꼬리가 맛있다는데. 과일은 영 그렇지를 못하다. 꼭지와 배꼽보다 몸통 중앙이 맛이 좋다. 물론 모든 과일의 특성을 고려한 이야기는 아니다. 과일의 당도를 재는 방법은, 과일에 빛을 비추는 것이다. 투과한 빛의 굴절된 정도로 당도를 측정한다. 꼭 마음을 들여다보는 일 같다.

　머리와 꼬리, 꼭지와 배꼽, 껍질과 씨 부근처럼 나에게도 부위가 있다. 곤충처럼 머리, 가슴, 배로 몸을 나누는 이야기는 아니고… 영혼이나 마음의 부위다. 몸보다 더 안쪽에 나의 좋은 성질과 덜 좋은 성질이 있다. 온순하고 부드러운 감상과 딱딱한 냉담이 있다. 깊은 사려가 있고 얕은수도 있다. 다정이 많지만, 나의 다정은 측정이 가능한 당도가 있다. 덜 달고 더 달기도 하다. 나는 내 마음의 부위를 약삭빠르게 알고 있다. 그래서 누구 앞에서는 겉치레를 하고 적당히 나쁘지 않은 인정을 건넨다. 어느 때에는 아주 특수하고 적은 속을 꺼낸다. 가장 중심의 것은 잘 내어주지 않는다.

마음도 과일도 중심을 내어주는 것은 사랑 앞에서다. 잴 것 없이, 대어볼 것 없이 사랑하는 사람에게만 그랬다. 어느 날 놀러 온 친구에게 대접하려 여러 과일을 깎아 두 개의 그릇에 나누어 담은 일이 있다. 평소보다 칼을 깊게 넣어 깎은 과일의 가장 달콤한 부분을 친구의 그릇에 담았다. 맛이 덜하고 딱딱한 가장자리는 내 그릇으로 슬그머니 옮기거나 친구가 보지 않는 틈에 재빨리 집어 입에 넣었다.

너희 집에서 먹는 과일은 늘 맛이 좋아. 어디서 사? 나도 알려줘.

친구의 볼이 동그랗게 불러 있었다. 바보야. 그건 내가 제일 맛있는 부분을 너에게 주기 때문이야. 속으로 새침하게 핀잔하다 떠오르고 말았다.

엄마가 쥐여준 수박 조각이 빠짐없이 붉었던 것이. 오직 나에게만 미숙하던 불합격의 달콤한 맛이.

나도 상처받아

봄을 좋아하는 것은 아니다. 굳이 싫어한다고 할 만한 것도 아니다. 봄에는 다짐이랄 것이 없고 날씨만 있다. 그게 좋다. 봄은 온통 초록이고 잘 읽힌다. 네가 봄이라고 말하는 것이 좋다. 새것을 꺼내듯 나에게 소식을 전하는 것이. 봄이 너의 각별한 일인 듯 말하는 게 좋다. 나긋나긋한 바람. 생명을 가진 몸이 따뜻한 쪽으로 기우는 봄의 각도. 마구 피어나는 꽃. 벚꽃이 다 져버릴 거야, 그런 다발적인 탄식. 그런 것에 대한 각각의 감상은 있다. 정서가 없는 것은 아니다. 정서는 오히려 너무 많다. 그래도 봄 자체를 좋아한다고 말할 정도는 아니다.

봄추위는 잘 견디지 못한다. 겨울 추위는 오히려 괜찮다. 기온이 오르며 음식물은 금방 부패하고 피부가 자주 가렵다. 봄에 낮이 길어지는 느낌만은 아주 별로다. 빛 아래에서는 이것저것 눈에 띄게 되니까. 좋은 것도 나쁜 것도 충분한 것도 결핍도 이런저런 결함이나 상흔도 그렇다. 신체적으로도 빛을 견디기 어렵다. 과민해서 그렇다. 청각 자극이나 시각 자극의 역치가 낮고 쉽게 피로를 느낀다. 집 안에서는 거의 불을 켜지 않고 지낸다. 밖은 스스로 어떻게 할 수가 없다. 태양 아래를 지나갈 뿐이다. 지난 봄비로 길 이곳저곳에는 얕게 웅덩이가 져 있었다.

웅덩이였다. 자신의 예민을 알아차린 오래전의 감각. 6세. 어린이집에서 돌아오던 길, 비 웅덩이에 얇게 핀 기름의 고리가 내 마음과 닮았구나, 어쩐지 이해하고 있었다. 오빠의 손을 잡고 교회를 지나 집에 돌아오던 길. 파란색 작은 꽃을 보면서 하염없이 슬펐던 기억이 난다. 날씨는 좋았다. 그런데 나는 슬펐다. 꽃이 파란색이고, 작고, 오빠의 손이 너무나 부드러워서. 그때 나는 내 마음의 민감함과 약함을, 그래서 앞으로 누구에게든 혹은 나 자신에게든 상처받기 쉬운 인간이라는 것을 어렴풋이 알아차렸던 것 같다. 왠지 그런 직감은 비밀로 했다. 과연 나는 트라우마가 많은 아이가 되었다. 작은 일에도 깜짝 놀라고 겁을 먹었다. 마음이 튀면서 몸이 부담을 가졌다. 잔병이나 열에 자주 시달렸다.

웅덩이를 피해 골목을 돌자 농협에서 흠집과를 묶어 파는 것이 보였다. 사과였다. 싼값과 함께 큼지막하게 반품 불가라고 적혀 있었다. 내 인생 같다. 내 인생도 반품 불가야.

    흠집과는 대부분 반품이 불가하다. 흠집이 있음을 충분히 인지한 상태에서 구매하는 것이니까. 한 번도 과일을 반품해본 적은 없는데, 그래도 반품을 하지 않는 것과 반품을 할 수 없는 것에는 심리적 차이가 커서 흠집과 봉지를 쥐었다가도 내려놓게 된다. 나도 깨끗한 사과가 좋다. 흠집이 있는 사과는 말 그대로 흠결이 있는 사과이니까. 충분힌 돈이 있다면 흠과를 굳이 사 먹고 싶지 않다. 보통 흠과는 잼이나 주스로 가공하여 섭취하지만.

    자라면서 나는 많은 사랑을 했다. 예민하므로 사랑할 것들을 잘 발견했다. 빛의 밝음에 더욱 민감하게 반응했다. 자주 환희하고 세계를, 사람을 사랑했다. 그러나 단지 살아 있는 것, 살아서 이 세계에 있는 것만으로도 존엄은 손상된다. 사랑을 하면, 마음을 부드럽게 풀면 더욱 상처받기 쉬웠다. 돌려받기를 바란 것은 아닌데. 내가 입은 상처가 원하지 않아도 드러날 수 있다는 점이 특히 끔찍했다. 약점처럼 여겨질까 봐. 아픈 것은 싫고, 싫은 부분을 남에게 보이는 것은 더 싫었다.

잠들 수 없는 밤이 여러 번 있었다. 이빨이나 손톱이 뾰족해졌다가 둔하게 깎여 나가는 느낌을 자주 받았다. 사랑과 미움은 닮았다는 이야기를 들었다. 무엇이 닮았는지 구구절절 들었던 것도 같은데, 하나도 마음에 들어오는 이해가 없어 금방 잊었다. 캄캄한 방에 누워 있으면 그런 말이 자주 떠올랐다. 사랑과 미움은 닮았다. 감동과 상처는 비슷하다. 그렇다면 상처를 선물처럼 여겨볼 수 있을까. 그래도 될까. 그런 시도를 상당히 오래, 내 급한 성미로 미루어보자면 끈질기게 했던 것 같다. 전부 실패했다. 사랑은 미움이 아니고 상처는 선물이 아니었다.

피곤했다. 피곤하고 아프다. 이제 세계는 문을 닫아줄래? 아무것도 느낄 수 없도록. 무엇도 밝혀 드러나지 않도록. 스르륵 잠에 들면 좋겠다 바라며, 그러면서 눈은 하염없이 천장을 보았다. 그러다 보면 깨끗하고 흰 천장에 얼룩이 하나둘 생긴 것 같았다. 꼭 멍 자국 같았다. 응시하자 얼룩은 점점 커졌고 눈가까지 내려올 것 같았다. 그때 문득 그런 말이

하고 싶었다.
　　나도 상처받아.

　　나도 상처받아. 그렇다면 누가 또 상처를 받는다는 말인가? 알 수도 없으면서. 영화의 대사나 친구에게 빌려 읽은 만화 주인공의 말처럼. 나도 상처받아. 그런 말을 똑바로 누운 채 작게 읊조리다가 잠들었다. 내 마음에만 들릴 정도로 작게.

　　외부로부터 상처를 받기도 했지만 스스로 가지는 것들도 있었다. 나는 후회가 많고 잘못도 너무 많이 하고 살았다. 어떤 잘못을 하고 살았는지, 무슨 후회가 있었는지 설명을 할 수도 없을 만큼. 새겨진 후회를 증명하려면 살을 발라내고 뼈를 전부 들어내는 편이 쉽다. 크고 작은 후회와 잘못들에 숨이 막혔다. 제대로 벌을 받으면 좋겠다는 생각을 했다. 그러면 지금의 상처가 단순히 나의 과민 때문이 아니라, 제대로 인과를 가진 결과라는 증명이 될 것 같아서. 그러나 벌은 벌이라는 이름으로 내리지 않고, 모든 인과가 마땅한 벌을 내리지도 않았다. 그것이 또 상처가 됐다.

    과거는 사라지지 않고 영원히 흠집을 가지고 살아갈 것이라는 생각을 너무 많이 했다. 상담에서도 나의 과오, 받은 상처. 그런 것들이 일어난 과거가 없어져버리면 좋겠다는 이야기를 많이 했다. 상담 선생님은 그런 일은 일어날 수 없다는 것을 인정해야 한다고 했는데, 나는 그 지점이 미칠 것 같았다. 상담을 거듭하면서 결국에 과거는 사라지지 않으며 그러나 언젠가 아주 작은 것이 되거나, 커다란 상태로 남아 있어도 처리할 수 있는 마음이 될 것이라는 이야기를 들었을 때, 나는 그것을 믿기로 했던 것 같다.

    그렇게 상처받고 흠집 나면서 나는 세계를 이해하거나 이 세계에 사는 것에 적응해나갔다. 사랑과 미움이 닮았다는 이야기, 감동과 상처는 비슷하다는 말에 약간의 이해를 더할 수는 있었지만 역시 마음에 별로 들어오지는 않았다. 사랑은 사랑이다. 미움은 미움이다. 상처는 상처고, 감동은 감동이다. 때로 동시에, 같은 얼굴을 하고 일어나지만 별개의 존재다. 상처를 가지고 살아가는 것에는 대단한 방법은 없었다. 그냥 살아 있을 뿐이었다.

흠집과는 자주 '못난이 과일'이라는 이름을 붙이고 판매되었다. 못났지만 맛있어요. 나는 그게 싫었다. 맛있지 않아도 돼. 그냥 네 맛대로 있어. 상처는 못난 것과 다르다. 못났다고 한다면 못난 대로 살아가도 돼.

그것은 내가 증명한다. 때로 살아 있는 일 자체가 나의 증명이 된다. 상처에 관한 한은, 역시 그랬다. 나는 증명하고 있었다. 잘 놀라고 상처받으면서. 후회와 자책을 반복하면서. 약간만 배우고 많이 잇으면서 나는 살아 있었다. 결과(結果)는 열매를 맺는다는 말. 나는 지금도 상처받는다. 상처는 때로 작아지고 영원처럼 보존되기도 한다. 그런 상처를 입은 채로 살아 있다. 그래도 돼. 그렇게 살아가면 돼.

두 봉 남은 농협의 흠집과 중 하나를 사서 집으로 돌아왔다. 주스나 잼으로 만들까 하다가 그냥 흠집 부분을 크게 도려내지 않고 먹었다.

사과의 맛이었다.

참외 꼭지의 냄새

그거 알아? 여름 초입에는 참외 꼭지의 냄새가 난다고. 사람들은 모르면서도 알 것 같다는 반응을 한다. 참외가 주는 여름의 심상에는 동의하지만 참외의 꼭지에서 나는 냄새는 익숙하지 않기 때문이다. 나는 그 냄새를 잘 안다. 푸성귀의 절단면처럼 풋풋한 냄새. 코밑을 비스듬히 스치는 은은한 단내. 과일 트럭의 먼지 냄새와 조금 섞인 참외 꼭지의 냄새를 고개를 기울여 여러 번 맡았다.

내 배꼽은 언제 이렇게 안으로 들어가버렸을까? 그때는 몸의 둥근 부분이 전부 밖으로 튀어나와 있었다. 뒤통수도 뺨도 엉덩이도 유난히 통통한 종아리와 각별히 배꼽이. 참외 배꼽은 자주 놀림의 대상이 됐다. 놀림을 받으면 부끄러웠고, 창피한 것이 싫었던 나는 배꼽을 보이지 않으려 자주 옷을 아래로 당겼다. 어른들이 빠진 앞니를 농담 삼을 때는 안 부끄러웠는데, 배꼽만은 왜 그렇게 창피했을까? 그래도 팔다리를 휘두르고 동네를 유영하는 트럭의 뒤따위를 쫓아 달리다 보면 어느새 배꼽을 활짝 드러내고 있었다. 옷을 아래로 세게 당기면 오히려 반동으로 밑단이 번쩍 들렸다. 그렇게 참외 배꼽을 싫어하면서도 정작 참외는 아주 잘 먹었다.

가장 좋아하는 참외는 과일 트럭에서 파는 참외였다. 과일 트럭이 좋았다. 과일 트럭은 멈춰 있으니까. 간혹 달리는 과일 트럭도 있었지만, 자주 정지하거나 아주 천천히 움직였다. 학교를 마치고 돌아와 나른히 졸고 있으면 생선 트럭이나 고물상 트럭, 뻥튀기 기계를 실은 트럭이 특유의 잘 알아들을 수 없는 스피커 방송을 흘리며 아파트 앞을 지났다. 운동화를 구겨 신고 재빨리 나가보지만 그런 트럭은 아이의 발로 따르기에는 너무 빨랐다. 꼭 어른들의 소문 같아. 분명히 들었는데, 실체를 눈으로 확인할 수는 없었다. 모습을 감춘 트럭의 짐칸을 상상하며 옷을 당겼다.

아파트 앞에 단단히 대어놓은 과일 트럭은 얼마나 친절한가. 바퀴에 고임목을 괸 과일 트럭은 서둘러 쫓을 필요가 없었지만 그래도 신발은 구겨 신었다. 엄마와 함께 도착한 과일 트럭의 짐칸은 활짝 열려 있었다. 빨간 토마토, 초록 애호박, 노란 참외 등 색색의 과일과 야채가 낡고 탁한 바구니 위로 포개

져 빛났다.

과일 트럭의 참외는 크기와 모양이 다양했다. 크고 길쭉한 참외부터 주먹만큼 작고 동그란 참외까지. 큰 것이 좋은 것 아닌가? 놀랍게도 어른들은 작은 참외를 더 잘 샀다. 엄마도 늘 작은 참외를 샀다. 작은 참외가 맛있어. 샛노랗고 줄무늬가 선명한 것이. 단단하고 둥근 모양이. 꼭지에서 달콤한 향내가 나는 것이 맛있는 참외라고.

엄마와 과일 트럭 주인의 대화를 들으며 나는 운동화 끈을 고쳐 묶었다. 참외밭에서는 신을 고쳐 신지 말라 했는데. 트럭이라 다행이었다. 허리를 펴면 트럭 주인이 참외를 그 자리에서 잘라 한 조각을 맛보기로 내밀었다.

어째서 과일 트럭의 맛보기 과일이 세상에서 제일 맛있을까? 집에 가서 먹어도 충분히 맛있기는 했지만, 신발을 고쳐 신고 먹는 이 맛만은 나지 않았다. 족히 한 알의 4분의 1은 될 듯한, 과일 트럭의 넉넉한 인심 때문일까? 똑같은 모양과 크기를 흉내 내 비슷하게 잘라봐도 역시 그 맛은 아니었다. 이해할 수 없는, 그러나 이해하지 않아도 나쁜 일은 일어나지 않고, 불가해함 없이 달콤하기만 한 조각과의 맛을 마법으로 여겼다.

과일 트럭의 묵직한 봉투를 엄마와 나누어 들고 나는 참외 꼭지의 냄새를 맡으면서 아파트로 돌아왔다. 작은 알이 아이의 손에도 잘 잡혔다. 아아, 여름의 냄새. 아직 덜 익은 초여름의 냄새. 푸성귀의 절단면처럼 풋풋한 냄새. 코밑을 비스듬히 스치는 은은한 단내. 과일 트럭의 먼지 냄새. 그리고 마법의 맛을 입안에 조금만 남기고.

조린 사과 샌드위치

샹그리아를 담그고 남은 과일을 아까워하다 만들게 된 조린 사과 샌드위치는 가히 역작이라 해도 좋았다. 리코타치즈의 부드럽고 고소한 맛에 뜨끈하고 새콤하게 익힌 사과. 계피와 와인이 약간의 쌉싸름함을 더해 아무리 먹어도 질리지 않았다.

만드는 과정도 샌드위치답게 재료만 준비되어 있다면 번거롭지 않았다. 속재료의 핵심인 조린 사과는 식어도 좋았지만, 따뜻할 때 씹으면 갓 구운 빵처럼 설레는 맛이 났다. 설레는 맛. 태어나는 맛. 온기를 간직하고 태어난 갓 구운 빵의.

그래도 불 앞에 서 있는 것은 역시 귀찮아서 자주 만들지는 않았다. 어디 앞에도 잘 서 있지 않았다. 조린 사과 샌드위치를 만들던, 그 시기는 선 날보다 누운 날이 많았다. 하루의 대부분을 한마디도 하지 않고 누워만 있었다. 웃지도 않고 울지도 않았다. 눈을 감을 때가 되면 감고 누운 몸이 식으면 이불을 덮었다. 그렇게 이불을 덮는 것이 최선의 전부인 날도 있었다. 이불 위로 손목이 통통하게 드러나 있었다. 내 손목은 등 쪽만 통통하다. 잘라서 엎어둔 사과처럼. 아하하, 정말이야. 이걸로 웃을 때도 있었다. 그런데 나는 지금 왜소해. 마음이 왜소해. 왜소하고 왜소해서 참을 수가 없다. 말라비틀어진 과육 같다. 내버려둔 손목 하나에도 화가 났다. 메시지는 그때 왔다.

— 뭐 해? 나는 아직 회사.

나는 이불을 걷고 일어나서 조린 사과 샌드위치를 만들기 시작했다. 그날의 샌드위치는 계피가 조금 더 많았다. 서두르다가 계피 통을 세차게 흔들고 만 것이다. 얇게 썰어낸 사과 과육 위에 계핏가루가 점점이 박혀 있었다. 과거에 나는 이렇게 뿌려놓은 것을 별이라고 쉽게 생각했다. 그렇게 보이지 않니? 옆자리의 어깨를 두드리며.

겨울이고, 밤이었다. 하늘은 온통 캄캄한데도 맑음을 알 수 있었다. 이렇게 맑은 겨울밤은 몹시 춥다. 자정이 가까운 시간. 밖으로 나서자 잠 없는 바람이 얼굴을 때렸다. 추위가 외투로 가려지지 않은 몸의 구석을 매섭게 찾아냈다. 친구의 회사까지는 도보로 35분. 가깝다면 가까운데 몇 번 가지는 않았다. 남의 일터니까. 명분 없이는 도착하지 않았고,

그 몇 번도 몰래 연애하듯 건물 뒤편에 숨어 서로의 얼굴을 더듬고 순식간에 헤어졌다. 그래도 다행히 길은 잘 기억이 났다.

빌딩은 두 층 정도 불이 켜져 있었다. 친구의 사무실이 몇 층인지는 알 수 없었다. 올라가본 적이 없으니까. 여느 때와 다름없이 건물 입구로부터 조금 떨어진 곳에서 친구를 기다렸다. 도착도 전에 샌드위치는 아마 다 식었을 것이다. 가능한 한 뜨거운 사과를 넣었는데. 태어나는 맛을 전해주려고 했는데. 워낙 추웠다. 샌드위치를 감은 페이퍼타월 몇 장은 시늉처럼 우스웠다.

얼마 후 친구가 조심스럽게 내려왔고 우리는 또 검은 벽 뒤로 갔다. 이미 길에도 인적이 없는데. 습관처럼 숨은 벽의 냄새. 싸늘한 돌과 이끼의 냄새. 가까운 곳에 물 고이는 곳이 있을까? 너도 느껴? 여기에는 한여름에도 이렇게 식은 냄새가 났어. 그런 말은 안 했다. 친구에게 조린 사과 샌드위치가 든 종이 가방을 건네주고, 포옹은 깊이 했다. 그래도 가능한 데까지 다 닿은 것 같지는 않았다. 곧 우리는 벽을 벗어나 나는 집으로, 친구는 사무실로 돌아갔다.

그런 말은 한마디도 안 했다. 한여름에도 이렇게 식어 있어. 식은 냄새가 났어. 나한테도, 너한테도. 나도 돌 같아. 사는 게 냄새나는 돌을 끊임없이 굴리는 것 같아. 검은 벽 뒤에서. 축축한 이끼 냄새가 손 마디마디 벗겨지질 않는다. 그 냄새가 힘에 부친다고. 쓰러지듯 눕는 일밖에는 할 수가 없었다고. 냄새를 맡을 수 있는 몸. 말을 할 수 있는 몸. 이 몸을 견디지를 못하겠는데, 누워서도 돌은 구른다고. 끔찍하지. 산다는 게. 네 일처럼 잠들지 않는 바람처럼 끊임이 없고….

기어이 끊어낼 때 우리는 그것을 극단이라 부르기로 했다. 우리는 극단을 하지 않기로 했다. 몇 년도 전에 약속했다. 극단에 닿지 않도록 한 손으로 돌을 굴리면서. 그러나 나머지 한 손은 이따금 우리가 서로의 어깨를 만지고. 그렇게 이 삶을 지나가보자고. 그런 말은 안 했다.

그런 말은 안 했다. 응원 같은 건 너무 먼 외침 같아. 충분히 깊지 않을 것 같아. 그래도 사과를 조리며 네 생각만을 했다고. 계피 통을 흔드는 순간에 내 힘이 가장 강했다고. 온기를 가지고 태어나는 일도 다른 극단에 있는 거지? 네 어깨를 두드리면 너도 뿌려진 것이 별이라고 말했지? 그땐 구르는 것이 돌이 아니라, 꼭 사과 알 같았다고. 사랑한다고. 말 안 했다.

맛있으면 바나나

궁금하다. 어떻게 다들 선물이라는 것을 하고 있는지. 남의 선물을 고르는 일은 때마다 곤란하다. 선물이란 남에게 좋은 것을 건네는 일인데, 나는 나에게만 좋은 것을 좋음이라 알 수 있다. 나에게 좋은 것이 남에게도 좋은지는 알기가 어렵다. 선물의 때마다 당연한 좋음이란 없다는 것을 새삼 되새기게 된다. 모두에게 좋은 것이란 없어. 나의 좋음은 생각보다 자주 너에게 실패할 수 있다. 무슨 일이든 실패는 하고 싶지 않지만, 왠지 축하는 그런 마음이 더 강해진다. 축하에는 좋은 것만 있으면 좋겠다. 그런 바람이 축하의 본질이겠지만.

아무튼 이렇게 저렇게 고민을 하다가 결국 과일 오랑우탄인 나는, 알레르기 여부를 물은 후 과일 선물을 하게 된다.

종류를 바꿔도 되니 기호를 편안히 알려주세요.

○○ 선생님의 생일에도 그렇게 세 가지 품종이 담긴 딸기 한 상자를 보냈다. 요즘의 세상이란 과일도 예쁜 상자에 담아 금방 선물할 수 있다. 나는 나무에 달린 것이라도 좋지만….

며칠 뒤, ○○ 선생님께 연락이 왔다. 딸기를 받

아서 잘 먹었다는 내용이었다. 선생님 입에, 마음에 맞을지 걱정했다는 내 메시지에 ○○ 선생님은 본인도 과일을 좋아하며, 각별히 바나나를 몹시 먹는다고 했다. 이제는 자제를 해야 할 정도라고. 지금 추세로는 원숭이 서식지에 가야 할 것 같다고…. 오랑우탄인 나는 원숭이 선생님의 이야기를 지나칠 수 없었고 업무 관련도 아닌 메일을 한 통 더 보내버렸다.

선생님. 바둑의 최정 기사님이 2022년 월드 바둑 마스터스 당시 간식으로 바나나 20만 원어치를 드셔서 화제가 되었지요.
그녀 또한 여전히 대국장에 있으니,
우리도 각자의 위치에서 바나나를 마음껏 먹어도 된다고 생각합니다.

대체 말이라는 것을 어떻게 이렇게 아무렇게나 할 수 있을까. 그리고 조금 망설인 뒤 덧붙였다.

참고로 저는 덜 익은 바나나파입니다.
그럼 밝고 건강한 우끼끼 하루 보내십시오….

주저한 것은 그녀가 어느 바나나파인지 알 수 없었기 때문이다. 달걀프라이의 완숙과 반숙처럼, 딱복과 물복처럼, 단감과 홍시처럼, 바나나에도 덜 익은 바나나파와 다 익은 바나나파가 있다.

친구는 완전히 노랗게 익은 바나나를, 나는 덜 익어 새파란 바나나를 좋아한다. 완숙한 바나나에 반점이 생기기 시작하면 선뜻 손이 가지 않는다. 물론 거리낌이 있기는 하지만 일단 손에 쥐면 부드리운 것도 덥석덥석 잘 먹는다. 나는 오랑우탄이니까…. 바나나. 새파란 바나나. 덜 익은 과육에서 나는 약간의 풋내와 단단한 식감이 좋다. 펜슬형 아이스크림의 뚜껑처럼, 꼭지를 뚝 따내는 경쾌함도 좋다. 너무 달기만 한 것은 쉽게 물리지만, 덜 익은 바나나라면 몇 개라도 먹을 수 있다. 다 익은 바나나파인 친구에게 이 이야기를 했더니, 그렇게 풋내와 단단한 식감이 좋으면 오이를 먹지, 왜 바나나를 먹느냐는 핀잔을 들었다. 그럼 너는 달고 부드러운 것이 좋으면 단팥죽이나 먹지 왜 바나나를 먹느냐고 되받아쳤다. 영장류라고는 믿기지 않는 싸움을 하면서,

바나나라는 단어를 너무 많이 말했더니 나중에는 바나나가 '알로하'쯤으로 들렸다.

그러고 보니 바나나라는 이름 너무 귀엽지 않나요? 바니바니. 토끼 같고. 어느 먼 나라에서 오랫동안 전해진 노랫말 같고. 바나나. 바나나. 이제는 소원을 비는 주문 같다.

바나나뿐 아니라, 나는 설익은 과일이 대부분 좋은 것 같다. 설익은 과일은 약간 사치의 맛. 할인 스티커가 붙은 과일은 푹 익어 물러버린 것이었으니까. 푹신한 과일의 썩은 부분을 도려내면서, 할인 코너가 아닌 과일의 맛은 많이 달랐을까? 상상했다. 풋과일의 고집스러운 맛. 내 금전 상황에 일절 타협하지 않는 맛을 상상했다. 먹어본 일도 있고, 이미 아는 맛인데도 그랬다.

덜 익은 바나나를 좋아하는 것은 꼭 그래서는 아니고, 그냥 단단한 식감을 더 좋아하는 취향 때문이다. 물론 부드러운 것도 잘 먹는다. 딱복과 물복, 단감과 홍시 모두 좋다. 그래도 평생 한 가지만 먹어야 한다는, 극단적인 선택 앞에 놓인다면 단단한 것을 고르겠다는 이야기.

    바나나는 스포츠 선수들이 즐겨 먹는 과일이기도 하다. 의식하고 보면, 꽤 잦은 빈도로 경기 중 바나나 먹는 장면을 포착할 수 있다. 효과적인 영양 보충 식품이기 때문이다. 적당한 탄수화물과 수분, 마그네슘과 칼륨을 바나나 한두 개로 섭취할 수 있고 지참도 간편하다. 그래서 바나나는 운동의 과일이라고도 불린다. 물론 나는 운동을 전혀 하지 않지만…. 그래도 기운은 받고 있다. 그러고 보니 정말 운동, 해야 하는데. 건강한 오랑우탄으로 살아가야 하는데. 그래야 더 많은 바나나를 먹을 수 있을 텐데. 요즘 소화력이 떨어져서 바나나도 전보다 몇 개 못 먹고….

    친구에게 스틱형으로 된 영양제를 선물받았다. 해외 제품인데, 지금은 국내에서도 구할 수 있는 것 같다고. 그해 겨울 급한 일정에 시달리며 며칠 내내 영양제에 의지해 나는 몇 권의 책을 묶어 냈고, 그 영양제를 '책 만드는 약'이라 불렀다. 나중에 알고 보니 그 영양제는 운동 후 피로 해소를 위해 섭취하는 에너지 보충제였다. 아무래도 '책 만드는 약'은

플라세보 효과가 컸던 것 같다. 딱히 부작용은 없었지만, 나는 '책 만드는 약'을 스틱형 영양제에서 바나나로 바꾸었다. 급히 기운이 필요할 때마다 바나나를 먹었다. 사실은 기운이 안 필요해도 먹었다. 지금도 먹고 있다. 껍질을 한 군데로 모으니 수북하다. ○○ 선생님과 함께 원숭이 서식지로 가야 할 것 같다. 나는 왜 ○○ 선생님의 바나나 대량 섭취를 남의 일처럼 적어두었을까?

    '책 만드는 약'은 곧 작가 친구들 사이에서 유행했다. 그런데 바나나는 유행을 안 했다. 맛있고 기운 나는 바나나가 유행했으면 좋겠다. 먼 나라에서 오랫동안 전해진 노랫말처럼. 소원을 이루어주는 주문처럼. 축하의 선물처럼. 바나나. 바나나.

과일의 아이

대나무 소쿠리였어. 빨간 딸기를 가득 담아서. 꼭지가 선명한 초록색으로 너무 싱싱했어. 103호 옆집은 안 줬어. 104호도 안 줬어. 우리 집만 딸기를 줬어. 누가 줬는지는 모르겠어. 얼굴이 기억 안 나. 사람인 것 같기는 했는데. 어쩌면 사람이 아닐지도 모르겠다.

한겨울이었어. 몇십 년 전이야. 알지? 그때는 딸기가 봄 과일이었어. 4, 5월은 되어야 딸기를 먹었는데. 한겨울에 딸기를 받으니까 너무 이상하잖아. 그러다가 속이 안 좋아서 병원에 갔지. 그리고 안 거야. 그게 태몽이었구나. 겨울이었대. 겨울에 딸기였대. 꼭지가 초록색으로 너무 싱싱했어.

딸기 꿈을 꾸었지만 정작 엄마는 임신 중에 과일을 보기만 해도 구역질을 했다. 수십 년이 지난 지금 딸기는 겨울 과일이 됐고, 103호로도 104호로도 가지 않고 엄마에게서 태어난 나는 과일을 너무 많이 먹는 바람에 오랑우탄으로 불리게 된다. 엄마의 꿈에 오랑우탄 딸을 가지게 되는 미래까지는 나오지 않았을 거야. "미래는 언제나 예측불허. 그리하여 생

은 그 의미를 갖는다."•

　　과일의 아이가 있다. 먼 옛날 냇물을 따라 떠내려온 복숭아에서 천인이 태어난 것처럼. 과일에서 아이들은 태어난다. 친구의 동생은 감에서 태어났다. 나무에 커다란 감 딱 한 알이 달렸는데, 뚝 떨어지더래. 그게 내 동생이야. 친구는 잘 익은 수박이었다. 슈퍼마켓에서 가판에 과일을 내어놓고 팔고 있었는데, 친구의 어머니 혼자서만 수박을 한 통 샀다고. 옥돌같이 빛나는 수박을 푹 안았는데, 어찌나 싱싱하고 잘 익었는지 안 열어봐도 알 수 있었다고 했다.

　　태몽은 해석이 제각각이지만 감은 재복과 관운을 타고나는 꿈이라고 한다. 친구의 동생의 재산 상황이나 입신에 대해 알 길이야 있지만 굳이 물을 것은 아니어서 모른다. 수박은 명석하고 현명한 아이가 태어나는 꿈이라고 한다. 친구는 내가 허튼소리를 하면 잘 대답하지 않는다. 나와 마주하고 있는데, 나를 보고 있지 않은 눈을 한다. 현명함은 틀림

• 　신일숙, 『아르미안의 네 딸들』에서 인용.

이 없다.

    과일의 아이들을 만나면 괜히 반갑다. 같은 바구니에 담길 수 있을 것 같은 친근감이 든다. 과일의 아이들은 거리에도 있다. 모르는 얼굴을 하고서. 같은 시기와 아주 다른 때에 각각의 모양과 빛깔로 태어난 과일의 아이들. 좌와 우로 빠르게 움직이는 팔꿈치들. 상과 하로 흔들리는 불균등한 어깨들. 복잡한 지하철 역사로 향하며 생각한다. 이 거리에 사과와 복숭아와 자두와 수박, 단 한 알의 거다란 삼과 103호로도 104호로도 가지 않은 겨울 딸기가 있다고. 검은 외투의 행렬 속에서, 나는 나와 같이 과일로부터 태어난 아이들을 생각한다.

    풍요롭고 씩씩한 아이들. 지혜와 행복을 몸의 중심에 씨앗처럼 지니고 태어난 과일의 아이들. 몸의 중심에 둥글게 만져지는 것이 있을 것 같다. 태양의 사랑과 넉넉한 빗물의 아름다움이. 그리고 예측하지 못한 형태로 의미를 가지고 살아간다.

    사람을 사랑한다고 생각했다.

***

이 글을 쓰고 몇 개월 후 나는 꿈을 꾸게 된다. 바로 두 시간 전에 꾼 꿈이다. 꿈은 금방 잊힌다는데, 어쩐지 생생하게 남아 기록해둔다.

푸른 초원으로 좁게 이어진 길을 친구 여럿과 걷고 있었다. 초원의 풀은 짧고 처음 가진 털처럼 부드러워 보였다. 하늘은 몹시 맑았고 해가 따사로운 기운을 고르게 아래로 내리고 있었다. 길가의 이곳저곳에서는 사람들이 아무렇게나 깔개를 대고 소풍을 즐기고 있었다. 문득 발아래로 여러 개 둥근 것이 보였고, 궁금할 새도 없이 감이었다. 감나무가 있구나. 바로 지척의 나무에 누군가 높이 올라타 있었다. 해를 등진 몸이 꼭 감나무 색과 같아 구분할 수 없었다. 사람인 것 같았다. 어쩌면 사람이 아닐지도 모르겠다. 나와 친구들은 사람을 보았고, 사람은 분명히 우리에게 감 두 알을 떨어뜨려주었다.

커다란 감이었다. 노지의 감인데 어찌나 깨끗한지 번쩍번쩍 빛났다. 속이 꽉 차서 사방이 봉긋하게 부풀어 있었다. 나는 그대로 걸으면서 감을 받아 반으로 쪼개어 입에 넣었고 (어쩌면 이렇게 오랑우탄 같을까? 꿈에서도 변함없는 것이 있고, 나는 그게 무섭다.) 한 친구는 그 감을 작고 약간 통통한 손으로 소중히, 소중히 들고 있었다. 친구는 손에 든 감을 향해 고개를 숙이고 있어서 표정이 보이지 않았다.

    나는 이불을 걷고 일어나 일단 사과를 반 알 먹고 (매일 아침의 일과다.) 고심하다 친구에게 메시지를 보냈다. 친구는 아이를 가지려고 수개월을 준비하고 있었다. 태몽이 아니면 어떡하지? 친구를 조급하게 만들거나 실망시키면 어떡하지? 나는 친구를 사랑해서 친구에게는 좋은 것만 주고 싶다. 이미 좋게 익은 것, 혹은 좋음으로밖에 뻗을 수 없는 것, 좋은 말만 들려주고 싶다. 그런 생각이 내 안에 뿌리 깊은 나머지, 좋지도 않고 아무것도 아닌 이야기를 할 때가 많다.

    결국 친구에게 '태몽'이라는 단어는 꺼내지 않고 감을 받은 이야기만 했다. 또 엉뚱한 이야기라 해도 좋을 꿈이니까. 그러나 친구는 단번에 태몽 아니야? 했다. 남편에게도 알렸는지, 친구의 남편이 나에게 고맙다 한다 했다. 나는 응? 뭐가 고마운 거야? 모르는 척을 했다. 좋은 것이 아니면 어떡하지? 무서웠다. 그래도 한 번 꺼낸 말은 돌이킬 수 없어. 이미 맺은 열매는 꽃의 자리에서 자라기만 한다. 의지가 강한 그 애처럼.

 번쩍번쩍. 빛나는 커다란 감. 삶의 기쁨과 환희, 지혜와 행복이 몸의 중심으로부터 꽉 차서 사방으로 봉긋해진. 그 모든 것이 사랑스러워 견딜 수 없고 양손으로 아주 소중히 안아보게 되는 커다란 감을 기다린다. 과일의 아이를.

수박 특집

지구는 둥그니까 앞으로만 나아가면 모두를 만나겠지만 그 모두는 각자 다른 존재이다. 수박도 둥글지만 다르다. 그러니까, 나는 수박을 이렇게 분류하고 있다.

만화 수박
손님 수박
계곡 수박
파는 수박
우리집 수박

위의 분류는 대부분 먹는 방식과 형태에 따른 것이다.

만화 수박

'만화 고기'라는 것이 있다. 외줄기의 굵은 뼈에 두툼한 8자 모양으로 살코기가 붙은, 그림 속 고기이다. 수박에도 만화 수박이 있다. 주로 일본의 애니

메이션에 등장하는 만화 수박은, 수박을 반으로 가르고 가른 수박을 다시 적당한 두께의 반달 모양으로 자른 것이다. 이 수박은 반드시 양손으로 들어야 한다. 이유는 간단하다. 만화에서 그렇게 드니까.

만화 수박은 툇마루에서, 그러나 요즘은 아파트형 주택에 거주하는 경우가 많으니까 거실 혹은 접근 가능한 창가에서 먼 산이나 하늘을 바라보며 먹어야 한다. 여름의 더위는 성미가 급하다. 열풍이 쭉쭉 피부를 밀어 땀을 흘려낸다. 그래도 지금 이 마루는, 거실은, 창가는 언제나 바깥의 여름보다 온도가 낮다. 다 같은 여름이라는데.

도시의 창문에서도 우거진 큰 나무는 잘 보인다. 매미 소리는 언제나 가깝고 매미는 잘 찾아지지 않는다. 그러나 반드시 존재한다. 매미의 존재를 인식하는 순간 소리는 잠시간 끊긴다. 그러나 언제나처럼 갑자기 울음은 다시 시작하고 그것은 울창한 숲과 닮았다. 매미 소리에 맞추어 녹음이 술렁술렁 부푼다. 수박에서 흐르는 과즙이 손목을 타고 흘러서 자주 훔쳐낸다. 끈적끈적 달콤한 과즙이 흐르는 게 땀을 흘리는 것보다 기분이 좋다고 생각된다.

만화 수박에는 수박을 먹는 일에 놀이가 하나 더해진다. 수박의 씨앗을 뱉는 놀이이다. 누가 가장 멀리 뱉나. 혼자여도 좋다. '가장'은 혼자서도 충분히 가질 수 있는 기준이다. 혀와 입술을 모아 몸 안의 가장 강한 바람으로 씨앗을 밀어내기. 수직으로 씨앗을 뱉어 얼굴에 붙여볼 수도 있다. 서로의 얼굴을 보거나 거울을 보면 웃지 않을 수 없음. 매미 소리처럼 터져 나오는, 울창한 숲 같은 웃음. 술렁술렁 부푸는 여름의 웃음이다. 수박을 다 먹고 난 밤에는 탁탁 튀는 스파클라에 불을 붙이거나 수박의 씨앗처럼 총총히 별 박힌 하늘을 바라보며 커서 나는, 우리는 무엇이 될까? 생각해야 한다. 우리는 이미 이 여름을 지나며, 수박을 양손에 들고서 무엇이 되고 있음에도.

손님 수박

가장 보통의 수박이다. 보통의 수박이라는 것이 무엇인지는 잘 알 수 없지만, 나누어 먹도록 자른 수박을 그려보라고 한다면 곧 그리게 되는 이등변 삼각형. 조각 케이크 같은 수박. 손님 수박은 손님이 오래 기다리게 두면 안 되기 때문에 민첩하게, 보기에 좋도록 일정한 간격으로, 먹기에 편안한 형태를 고려하다 보면, 자연스럽게 세로로 4등분 혹은 6등분한 다음 칼을 가로로 다시 넣은 삼각형의 조각으로 잘리게 된다. 손님 수박은 이렇듯 삼각의 단순한 형태 안에 나름 복잡한 계산이 얽혀 있다.

나란히 놓인 자른 수박 중 끝머리의, 당도가 낮고 딱딱한 하얀 부분이 언제나 마지막에 남는다. 손님에게는 빨간 속의 비율이 높은 가운데 것을 권한다. 수박 한 줄에도 그런 마음이 있다. 손으로 두들기고 손바닥으로 수박의 둥근 옆구리를 커다랗게 쓸고 칼을 대는 순간 사람의 마음이 담긴다. 나는 손님 수박을 잔치 수박이라고도 부르는데, 많은 인원이 수박을 나누는 경우가 있기 때문이기도 하지만 잔치라는 어감이 좋기 때문이다. 잔치는 수박의 둥긂, 넉넉함을 닮았다.

손님 수박은 은쟁반 같은 — 실제로는 스테인리스거나 플라스틱이었지만 — 넉넉한 쟁반에 담겨 부억에서 손님이 계신 거실로 옮겨온다. 은쟁반에 옥구슬 구르는 소리는 몰라도 수박이 뒹구는 소리만은 알았다. 쟁반 위에서 사이좋게 흔들리며 껴안고 잠깐 떨어졌다가 다시 속을 부둥켜안는 소리. 이 여름의 다정한 풍요를 부르는 소리.

계곡 수박

계곡 수박과 다른 수박을 구분하는 가장 큰 차이는 수박의 온도이다. 계곡 수박은 냉장 보관하지 않은 것을 구입해 잘 식도록 계곡물에 담가두는 미지근한 수박이다. 계곡은 얼음장 같은 차가움으로 물에 들어서는 인간의 발목을 꽉 잡는다. 그래도 언제나 수박만은 충분히 식혀주지 않는다.

계곡 수박은 실내의 수박이 아닌 야외의 수박이다. 수박을 데려오는 것이 아니라, 수박이 자란 자리를 방문해 먹는 수박. 냉장고의 차가움 따위는 인간의 오만일지도 모른다. 계곡의 녹음은 너무 짙어 거의 검정으로 보인다. 하늘에는 희고 커다란 구름. 구름은 오린 듯이 선명하고 그 경계를 연필 따위로 따라 그려볼 수 있을 것 같다. 텔레비전의 다큐멘터리에서, 혹은 새벽의 애국가 방송에서 구름의 흐름을 빠르게 재생하는 영상은 몇 번을 봐도 처음 보는 듯 신기했다. 아마도 실제와의 간극 때문인 것 같다. 구름이란 이렇게 느긋하게, 아주 천천히 여름을 옮기고 있으니까.

음식 냄새와 어른들의 높고 빠른 대화가 그늘막 텐트 아래로 고인다. 계곡물에 발목까지 찰랑찰랑 담근다. 아이들은 이내 물로 뛰어든다. 계곡의 바람은 그 계곡의 물살을 닮았다. 거칠게 달리고 겁 없이 부딪히며 포말을 남긴다. 그러다가 어느 곳에 이르러서는 깊은 눈빛처럼 고요히 흐른다. 강인하고 유연한 계곡의 물.

물길을 시선으로 따라가본다. 계곡은 굽이굽이 산을 돌고 돌아 끝도 없이 이어지는 것 같다. 지구의 끝에는 무엇이 있을까? 언젠가 그런 것이 궁금했었다. 지금은 계곡이 있을 것 같다. 이 물이 다 어디로 가는지 모르겠다. 어디로 가는 건지 중간에 끊어지고 마는 건지 산 아래로 고이는 건지도 알 수 없다.

가능한 한 계곡을 따라가보려 하지만 물줄기가 너무 길어 끝까지 가본 적이 없었다. 아무리 걷고 돌을 차올리며 헤엄을 쳐도 모자라다. 아이들이 돌아온다. 물에서 바위 위로. 수건과 함께 어른들이 건네는 수박을 받아 든다. 물소리, 바람 소리, 바람에 녹음이 찰랑이는 소리. 사각사각 미지근한 수박을 뾰족한 치아로 갉는 소리.

계곡의 길이는 알 수 없다. 다만 여름이 긴 것은 수박을 많이 먹으라는 뜻이다.

파는 수박

하얗고 파란 껍질을 모두 제거하고 붉은 속살만을 먹기 좋은 크기로 잘라 보관 용기에 담은 수박이다. 주로 백화점 지하 식품관이나 마트의 청과 코너에서 판매하고 있다. 최근에는 배달 과일도 이런 형태를 한다. 수박을 몇 통이나 넣을 수 있느냐로 냉장고를 고르고 마는 나와는 인연이 잘 없지만 어쨌거나 음식물 쓰레기가 발생하지 않고 대량의 신선식품을 보관하는 부담이 없는 편리가 있는 것이다.

　　꼭 백화점이나 마트가 아니더라도, 가정에서도 동일하게 수박을 정형하여 보관할 수 있다. 이때는 고객님이(그 고객은 물론 나다.) 드신다고 생각하고 정성스럽게 자른다. 자를 때에는 번거롭지만 일단 자르고 나면 먹기에 몹시 편하다. 요즘은 '수박 통'이라는 이름으로 수박 전용 보관 용기가 출시되기도 하지만 보통은 사각형의 일반 용기를 사용한다. 차곡차곡 수박을 담다가 남은 둥글고 세모난 자투리는 자연스럽게 입으로 들어가기 때문에 파는 수박을 만들다 보면 금방 배가 불러진다. 이렇게 용기에 담은 수박은 소분하여 친구에게 나누어줄 수도 있다.

　　요즘은 '컵 수박'이라는 것도 있고. 소량만 먹을 수 있는 장점이 분명히 있다는데, 친구는 백화점에서 결국 커다란 수박을 고른 모양이었다. 잘린 수박이 담긴 큰 통 두 개를 들고 친구는 우리 집으로 왔다. 친구는 충동구매를 잘한다. 함께 쇼핑몰에라도 가면, 잠시 눈을 뗀 사이에 양손 가득 무언가를 들고 나타났다. 그러고는 곧 혼이 날 아이처럼 눈썹을 숙이고 사버렸어. 좋아 보였어. 그렇게 말했다. 그렇게 대책이 없으면 어떡해. 몇 번 핀잔을 준 적도 있었다. 아마 이 수박도 그랬을 것이다.

　그러나 인생의 아주 소중한 것을, 어쩔 수 없이 지나칠 수 없었던 보물 상자를 가져오듯 수박이 담긴 통을 양팔 가득 안고 나타난 친구의 모습을 보고 나는 그만 크게 웃어버렸다. 여름의 보물이구나. 백화점의 냉장 수박을 두 통이나 안은 그 애의 두 손은 완전히 차가워져 있었다. 사버렸어. 좋아 보였어. 그래. 어쩔 수 없지. 수박은.

우리집 수박

　고향집 이야기이다. 칼질은 단 한 번. 반구의 형태로 수박을 가른다. 잘 익은 수박은 칼이 다 들어가기도 전에 쩍 소리를 내며 벌어진다. 와따 마, 칼이 필요 없네. 감탄에는 기대가 있고, 그런 수박은 기대에 밀도 높게 부응한다. 반대의 경우도 있다. 껍질이 두꺼워 실속이 없거나 속에 바람이 든 수박일 때. 그런 때에는 고개를 흔들며 파이다, 파이다 혼잣말 같은 안타까움을 흘려야 한다.

　우리집 수박은 반으로 가르기만 하면 되기 때문에 사실 칼이 크게 필요 없을 것도 같다. 주먹도 좋고 망치도 좋고 돌이라도 좋겠다. 하지만 돌로 쪼개는 것은 계곡 수박의 정취를 가지기 때문에, 우리집 수박이라면 역시 칼을 사용해야 한다. 칼 외에 필요한 도구는 수박을 먹을 인원수만큼의 어른 숟가락이다. 아동용 숟가락이 아닌 머리가 큰 어른 숟가락. 어른 숟가락으로 컵 아이스크림을 퍼먹다가 입가가 자주 찢어지곤 했다. 수박을 먹을 때에는 전혀 찢어지지 않았다. 그게 신기했다.

　이제 수박을 먹을 준비는 모두 끝났다. 그대로 반구 형태의 수박에 모두가 달라붙어 자신의 어른 숟가락으로 둥글게 수박을 파먹으면 된다. 이것이 우리집 수박이다.

　수박을 먹는 곳은 거실이기도 하고, 안방이기도 했다. 가끔 텔레비전을 틀어놓았지만 모두 얌전히 수박을 먹느라 아무도 제대로 화면을 보거나 듣고 있지는 않았다. 전의 수박이 더 맛있었네. 이번 수박은 성공이네. 그런 품평이 이따금 오갈 뿐이다.

숟가락으로 수박을 파먹는 것은 한 냄비를 공유하는 식사처럼 위생의 문제가 있겠지만, 보통은 가족끼리 함께하는 방식이기 때문에 별개로 생각하게 된다. 그 자리에서 그대로 반 통을 다 먹고 남은 반 통은 랩을 씌워 냉장 보관한다. (우리집 기준.) 그리고 성질이 급하고 욕심이 많은 가족 중 누군가가 남은 수박 반 통의 가운데를 몰래 파먹지는 않을까, 냉장고를 거듭 열어 감시해야 한다. 가끔 친오빠가 그렇게 나머지 수박의 가운데를 한 입만 파먹고는 했다. 세상에서 가장 치사한 한 입이었다. 그런데 엄마와 아빠를 큰 소리로 부르며 오빠가 수박 가운데를 먹었다고 이르는 일이 좋아서, 수박이 새것처럼 얌전히 있으면 아쉬운 마음이 들기도 했다.

그렇게 먹는 우리집 수박은 꼭 커다란 밥그릇 같았다. 동화에 나오는 마녀의 솥. 혹은 흥부의 박. 슬금슬금 박을 탑니다. 박이 열리고 그러면 온 가족이 둥그렇게 둘러앉아 수박을 먹지요. 시원하고 달콤합니다. 가느다란 줄기에 달린, 믿기지 않을 정도로 크고 둥근 행복이지요.

숟가락 네 개. 수박 반 통. 세상의 이 여름에 오

직 우리 네 식구만 있는 것 같은 행복. 매미 소리는 멀고 그것은 우리가 너무 가깝기 때문이다. 8월에 크리스마스가 있다면 이런 느낌일 거야. 가족 모두가 있고, 선물이 있고(자연의 선물이지만), 여름의 나무란 장식을 몇 바퀴나 두를 수 있도록 크다. 반짝이는 쇠숟가락. 두드리면 뚱땅 소리가 날 것 같은 여름. 여름을 종처럼 울려볼까? 징글벨 하고. 그런 상상을 맺기도 전에 네 식구 사이에서 한 입이라도 더 수박을 먹으려 민첩하게 숟가락을 옮기는 것이었다.

메로나와 멜론의 상관관계

나는 스무 살이 넘을 때까지 멜론을 먹지 않았다. 멜론을 먹을 기회가 없었던 것은 아니고, 단순히 멜론이 맛이 없다고 생각했기 때문이었다. 멜론이 맛이 없다고 여긴 근거는 아이스크림 메로나였다. 메로나가 너무 맛이 없어서.

아이스크림을 좋아하지 않는다. 아이스크림은 달고 차갑고 먹은 후에는 목이 마르다. 아이스크림에서는 설탕의 맛이 나고 그런 끈적끈적 목구멍에 들러붙는 설탕의 애교도 오로지 단맛을 위하는 순애도 별로다. 진짜 과일의 단맛만 좋다. 나는 '설탕 수박'이라는 수식을 질색하고는 했는데 그것이 수박의 맛을 폄훼한다고 여겼기 때문이다. 수박은 설탕의 맛과 다르다. 무더위 한가운데에서도 언제나 첫여름 같은, 설탕에 없는 풋풋함과 호쾌한 청량감이 있다. 달콤한 과육을 오래 씹다 보면 흙냄새를 포함한 약간의 쌉쌀한 맛이나 여름 더위의 짠맛도 느껴진다.

수박의 단맛은 나를 향하지 않는다. 수박의 단맛은 수박만을 위한 것이다. (농사 수박의 경우 소비자를 의식한 비료를 사용하겠지만.) 달콤하려고 수박이 된 것이 아니라, 수박이 되었더니 달았던 수박. 온 자연에 곁눈질을 하면서도 결국 수박 맛 하나가 되어버리는 수박. 수박은 달고 또 시원하다. 설탕은 아무리 달아도 수박의 시원한 맛을 낼 수는 없다.

이렇게 적다 보니 폄훼는 내가 설탕에게 하고 있는 것 같네. 설탕을 무시하는 발언을 많이 해서 미안해진다. 무시를 알면서도 한 것이 제일 미안하다. 무엇보다 설탕 좋아하는 분도 많겠죠. 미안합니다. 그런데 일단 저는 설탕의 맛이 싫습니다. 제가 무엇을 싫어한다는 것이 누구를 상처 주려는 것은 아니에요. 아이스크림을 싫어한다고 해서 아이스크림 마니아를 공격하는 것이 아니듯. 아무튼.

메로나를 처음 먹어본 어릴 때는 지금보다 과일의 맛을 세세하게 알지 못했고 따지지도 않았다. 메로나가 멜론의 맛이라고 하니까 멜론 맛인 줄로 알았다. 메로나는 처음 느끼는, 그런데 여러 번 겪어본 것 같은 인공적인 향이 났다. 몹시 달고 부드럽고 맛을 보려는 마음보다 빠르게 녹았다. 맛은 낯설고 미묘한데 혀와 마음의 불쾌감은 여러 번 느껴서 익숙한 것이었다. 그 간극을 세밀히 들여다보기도 전에 더위에 흐물흐물 무너지는 형광 연두의 네모난 바를 급히 혀로 핥아 세우며 '멜론은 맛이 없군.' 그렇게 단정해버리고 말았다. 그리고 역시 아이스크림이 싫다는 것을 재확인했고 그 뒤로 메로나도, 멜론도 먹지 않았다.

그러다 멜론을 먹은 것은 귀한 과일이 생겼다며 어린 후배를 부른 대학 선배의 집에서였다. 선배의 마음을 차마 거절할 수 없었던 나는 어려운 얼굴로 멜론 한 조각을 입에 넣었다. 결론을 말하자면 멜론은 메로나 맛이 아니었다. 나처럼 메로나를 먼저 믹은, 멜론은 아직 먹지 못한 사람들을 위해 두 번 말한다. 멜론은 메로나 맛이 아니다. 메로나는 멜론 맛이 아니었다. 세 번 말했네.

목구멍 근처가 간지러울 정도의 단맛. 무엇이라고 비교하거나 은유하기 어려운 풍성한 멜론 향기가 과육을 씹을 때마다 물컹물컹 뿜어져 나왔다. 그것은 파스텔 초록도 형광 연두의 맛도 아니었다. 오직 멜론의 맛이었다. 부드러운 과육은 애교스러운가 싶더니 끝에 가서는 질깃하여 고집이 느껴졌다. 솔

직히 말하자면 처음 먹은 멜론의 맛은 충격이 너무 커서, 오히려 메로나의 맛보다 그때 먹은 멜론의 맛을 잘 묘사하지 못하겠다. 충격이란 그런 것이다. 느끼는 것이 아니라 당하는 쪽이니까. 당하고 나면 상처든 인상이든 무엇이든 남겠지만 당하는 때에는 그 순간만이 카메라의 플래시처럼 한순간 번뜩이고 점멸하는 것이다.

선배의 집에서 멜론을 먹은 뒤로, 나는 그야말로 엄청나게 멜론을 사… 먹지는 못했다. 멜론은 예나 지금이나 비싼 과일이다. 그래도 기회가 있으면 꼭 멜론을 먹게 됐다. 메로나를 싫어하지만 미워할 마음까지는 별로 먹지 않았는데, 저쪽의 다름을 알려면 이쪽도 겪어야 하기 때문이었다. 메로나를 먹지 않았다면 메로나와 멜론이 다른 맛이라는 것을 알 수 있었을까? 아마 멜론이 맛있는 과일이라고만 생각했을 것이다. 멜론을 먹었을 때의 충격과 그 충격이 주는 즐거움이 없었을 수 있고. 뭐, 이 산문을 쓸 수도 없었겠지요.

메로나와 멜론이 같은 맛인 줄 알았어? 그걸 꼭 먹어봐야 알아? 하고 생각할 수도 있을 것 같다. 그런데 나는 꼭 당해봐야 안다. 겪어야만 알아. 겪어도 잘 모를 때가 많아. 비참도 사랑도 나는 전부 당하고야 알았다. 남들은 안 그래도 아는 것 같던데. 당연한 듯 예상하던데. 그런 자신이 바보같이 느껴질 때, 겪어봐야 아는 내가 지긋지긋할 때, 메로나와 멜론을 생각하면 그래도 겪어봐야 아는 일도 나쁘지 않다고 여기게 되는 것이다. 나는 메로나도 알고, 멜론도 알아. 과연 당해서 알았다. 알았다는 것을 이 몸으로 증명할 수 있다. 무엇보다 마침내 멜론을 아주 아주 좋아하게 되었으니까.

그리고 메로나는 아직도 먹지 않는다.

키위 공포증

웬만한 과일은 일단 입에 넣고 보지만 (냄새가 고약하여 호와 불호가 심하게 갈린다는 두리안도 별다른 겁 없이 입에 넣었다. 참고로 내 취향은 아니었다.) 절대로 먹지 않는 과일이 있다. 생크림케이크 위에 장식한 작은 조각이라도 먹지 않는다. 이것으로 만든 주스도 삼키지 않는다. 알레르기 때문은 아니다. 더는 먹고 싶지 않은 것이다. 이미 일생분을 먹은 과일, 키위다.

집으로 10kg들이 상자가 도착한 것은 더는 창을 열고 잠들지 않던 계설이었다. 자취빙 복도에서 한낮의 더위가 식어 싸늘해진 상자를 열자, 키위가 가득 들어 있었다. 아직 익지 않아 새파란 키위였다. 하굣길, 초등학교 정문 앞에서 팔던 병아리가 생각났다. 비좁은 상자 속을 채운 병아리들. 짧은 털이 촘촘하게 움직였다. 키위새가 먼저일까, 키위가 먼저일까? 너무 많은 키위를 앞에 두자 엉뚱한 질문이 떠올랐다. (참고로 키위새가 먼저다.) 키위의 발신인은 아빠였고, 아빠가 키위를 보낸다는 것은 미리 들어 알고 있었다. 그래도 그게 10kg일 것이라고는 생각을 못했다.

일단 이미 도착한 것. 키위는 후숙 과일이니까, 익혀 먹어야지. 방에서 가장 서늘하고 어두운 곳으로 상자를 옮겼다. 키위가 다 익으려면 사흘이면 될까? 그런 생각을 했던 것 같다. 그러나 사흘이 지나도 닷새가 지나도 일주일이 지나도 키위는 익지 않았다. 엄지와 검지로 키위를 누르면 삶은 달걀처럼 딱딱했다. 혹시 너무 추운 데에 두었을까? 보일러 배관이 지나는 바닥 쪽으로 상자를 끌어 옮겼다. 이때의 결정을 몹시 후회한다. 그때부터 키위 지옥이 시작되었다.

다음 날 자고 일어났더니 키위 다섯 알 정도가 익어 있었다. 기쁜 마음으로 일단 그날은 키위를 모두 먹었다. 과일 오랑우탄인 나에게 키위 다섯 알쯤은 물 한 컵 마시는 것보다 쉬웠다. 그다음 날. 양 손가락으로 세기 어려울 만큼의 키위가 익어 있었다. 어떻게든 먹어치우려 했지만 역시 두 자릿수를 한 번에 먹는 것은 힘들었다. 하루 종일 키위만 먹을 수도 없고. (이후 먹을 수 없지 않다는 것을 원하지 않았지만 증명하게 된다.) 익은 키위 몇 알을 남겨두고 잠들었다. 그리고 그다음 날, 그다음 날의 다음 날….

 자고 일어났더니 벌레가 되어 있었다는 소설처럼, 키위는 갑자기 한꺼번에 익었다. 차라리 벌레면 나았다. 약을 치든 같이 살든 하면 되니까. 그런데 키위의 해결 방법이란 먹는 일뿐이었다. 무려 10kg을…. 무릎 높이의 자취방 냉장고에 익은 키위를 급한 대로 쑤셔 넣었다. 키위를 나누어줄 친구들을 급히 수배했지만, 불행히도 주변에 키위를 받아 가겠다는 이는 없었다. 억지로 몇 알씩 쥐여 보내기도 했지만 익어가는 키위의 수를 따라잡을 수 없었다.

 매일 아침 눈을 뜨고 키위 상자를 확인하기가 너무 무서웠다. 하지만 키위를 버릴 수는 없었다. 이 키위는 아빠가 보내준 것이니까. 아빠의 마음이 담긴 키위니까. 아마도 자취를 하는 오랑우탄 딸이 과일도 못 먹고 지낼까 봐 챙겨 보낸 귀한 마음일 테니까.

 사람은 살면서 어떤 각오를 해야 하는 때가 온다. 그때의 나는… 키위를 전부 먹을 각오를 했다. 나는 며칠 상간의 기한 내에 훌륭하게 각오를 지켜냈고, 10kg의 키위를 전부 먹은 후 그 뒤로 다시는 키위를 입에 대지 않게 됐다.

아주 오랜 시간이 지난 뒤 아빠에게 키위 사건의 전말을 알렸다.

그래서 나 그 뒤로 키위 못 먹잖아.

아빠는 껄껄 웃고 그때의 실상을 알려주었다.

아는 사람이 키위를 판다는 거야. 그런데 네가 마침 자취를 해서 영양도 부족할 것 같고. 과일도 좋아하고. 그 사람에게 의리도 지킬 겸, 그래서 보냈지. 네가 설마 키위를 먹지 못하게 될 줄은 몰랐다고. 네가 다시 키위를 먹을 수 있도록 더 맛있는 키위를 구하겠다고 했다.

나는 입을 다물고 그저 고개를 세차게 저었다.

아니, 나는 이제 평생 키위 안 먹어.

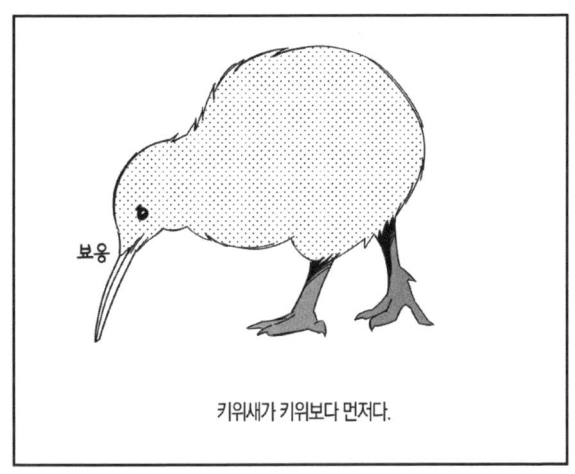

키위새가 키위보다 먼저다.

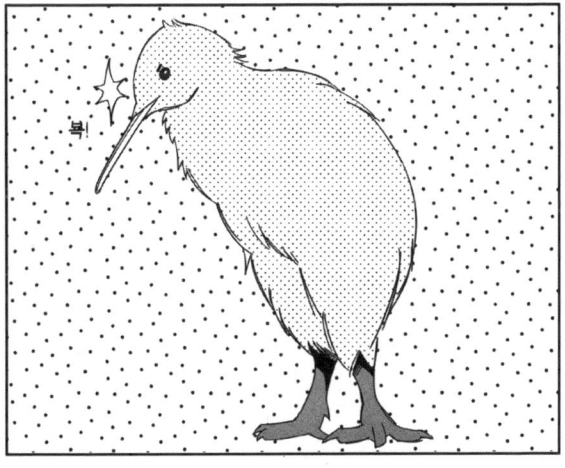

의외로 몸을 세우면 길쭉해진다.

아낌없이 주는 과일 가게

나는 매우 당혹하고 있었다. 누구보다 사랑이 많은 내가, 사랑을 할 수 없다니. 실망스럽지는 않았는데… 놀랐다.

지하철 역의 계단을 빠져나와 인도로 올라서자 지하의 미지근한 공기를 벗기듯 열풍이 몸을 휘감았다. 여름이 가고 가을이 든다는 처서가 한참 전 일인데 더위는 누그러들 기색이 없다. 금세 옷깃에 닿은 목뒤가 끈적해진다. 빨리 집에 돌아가고 싶었다. 집, 나의 집은 어디지?

신호등의 불빛이 파란색으로 바뀐다. 일제히 옮기는 걸음 사이로 나도 몸을 넣는다. 신호의 간격이란 저마다이다. 길 하나를 두고 이쪽의 파란불은 길고, 다음 건널목의 파란불은 매우 짧다. 이사를 와 처음 주변을 걸으면서 이 동네의 신호 주기를 전혀 알지 못한다는 것을 깨달았다. 전의 동네에서는 손바닥 들여다보듯 알았다. 지금 건널목의 불이 바뀐 후 어느 속도로 걸어야 직선거리의 다음 신호가 파란불로 자연스럽게 바뀌는지. 몸이 알아서 보폭과 보행 속도를 조절했다. 당연하지만 새 동네의 건널

목과 신호등은, 그 위치조차 제대로 알지 못했다. 빨간불을 얼마나 기다려야 길을 건널 수 있을지 알 수 없다는 것이 길을 잃은 아이처럼 불안했다.

그로부터 1개월여가 지나고, 이 역에 여러 번 내렸다. 이제 역 앞에 늘어선 나무의 세로결을 보지 않고 그릴 수도 있을 것 같다. 자꾸만 고쳐 돌리던 발도 이제는 두 가지 경로 정도라면 집으로 도착할 때까지 망설이지 않을 수 있다. 그래도 마음이 붙지 않았다. 사랑하지 않았다. 이사 온 새 동네를. 역은 전혀 다르지만 전의 거주지도, 이사 온 집도 역에서 도보로 15분 거리다. 그런데 지금이 훨씬 길고 멀게 느껴졌다. 더위를 식힐 음료를 사러 편의점에 들어갔다. 편의점의 냉방은 여느 편의점과 다름없이 과장되어 있었다. 낮은 온도가 피부를 찌르는 듯 아팠다. 전의 집 앞 편의점도 그랬다. 그런데 지금의 동네 편의점과 전의 동네 편의점이 내 안에서 전혀 연결되지 않았다. 이온음료를 대강 집어들어 계산하고 편의점을 떠났다.

이사 소식을 주변에 알린 후 가장 많이 들은 질

문은 "새 동네는 어때?"였다. 가벼운 인사나 마찬가지인 질문이었다. 대답은 쉬웠다. 어깨를 으쓱 올리거나 눈썹을 조금 숙이면서 "아직 잘 몰라." 그러면 되는 일이었다. 그런데 왠지 입이 딱딱해져 쉽게 뗄 수 없었다. 마음이 무거웠다. 아직 잘 모르지 않았으니까. 아직 모르는 것들이야 분명히 있겠지만, 그래도 지금을 충분히 알고 있었으니까. 나는 이 동네가 내 동네가 아닌 것 같아. 사랑이 잘되지 않아. 여기가 아닌 것 같아.

이곳에서 나는 큰 걱정도 대단한 예정도 없었다. 그런데 떠나야 할 것 같은, 되돌아가야 할 것 같은 불안을 자주 느꼈다. 그렇게 솔직하게 이야기를 꺼내면 지인은 네가 이전 동네에 너무 오래 살아서 그렇다고 했다. 그렇지. 그 동네에 오래 살았지. 이전 동네라고 말하는 동안에도 어렴풋이 내가 아직 그곳을 우리 동네라고 생각하고 있음을 알았다.

매우 번화한 관광지였다. 내국인도 외국인도 많았다. 주변 상가의 간판이 내렸다가 새로 오르는 것을, 벽이 부서지고 나무를 덧대는 것을 백 번은 넘게

본 것 같았다. 이 골목에서 저 자리만 이상하게 장사가 안 돼. 매번 가게가 바뀐다. 새 임대인은 알고 들어오는 것일까? 사거리 편의점 점주의 부모가 아파 결국 간병을 위해 친척에게 가게를 물려준 것, 펑크한 헤어 스타일을 전문으로 하는 미용실이 오르는 임대료를 감당하지 못하고 결국 바로 맞은편 빌딩의 2층으로 자리를 옮겼는데 오히려 장사가 더 잘된다는 것. 역 앞 이동식 포장마차 주인들이 텃세를 부려 신입 포장마차를 쫓아냈다는 것까지 다 알았다. 알려고 한 것은 아닌데 알게 될 만큼은 살았다.

길거리 음식 위치를 알려준다는 애플리케이션을 설치할 필요가 없었다. 이 동네에는 붕어빵을 팔지 않는다. 다음 역까지 걸어야 겨우 하나가 있다. 대신 다코야키와 호두과자 포차는 도보로 8분 걸리는 골목에 있고 10m 간격으로 늘어서 있으니 가면서 무엇을 먹을지 고민하면 된다.

돌아가야 할 것 같다는 기분과는 별개로, 돌아가고 싶느냐고 한다면 딱히 그렇지도 않았다. 전에 살던 집은 건물의 꼭대기 층으로 몹시 비좁고 천장이 낮은 원룸이었다. 엘리베이터가 없어서 매번 택배는 최소한으로만 주문했다. 생수도 집 아래 편의점에서 한 병씩 사서 옮겨 마셨다. 기지개를 켜면 낮은 천장에 손이 닿아 어깨 스트레칭을 제대로 할 수 없었다.

이미 내가 이사를 오기 전에 건축연도가 40년도 넘은 그 집은, 밤이면 낡은 배관을 타고 시궁창 같은 냄새가 왈칵 올라왔다. 유흥 시설이 즐비한 골목에서는 비가 오면 취객들이 뱉은 토 냄새가 났다. 사람들은 몸을 감추지 않고 아무 데서나 담배를 피웠다. 바닥은 대체로 쓰레기와 침, 껌 자국으로 눌어붙어 있었다. 담벼락은 색색의 낙서가 여러 겹 덧대지고 뒤섞여 멀리서 보면 지옥으로 향하는 검은 구멍 같았다. 제대로 구색을 갖춘 마트는 딱 한군데 있었고, 뜨내기들 대상의 장사여서 그런 건지 독과점이나 마찬가지여서 그런 건지는 알 수 없지만 물건값이 매우 비쌌다.

그러나 기억은 미화되는가? 젊은이들이 아무렇게나 담배를 피우는 담벼락을 지난 골목 안쪽에서는 마치 진입로와는 전혀 다른 세계처럼 구운 과자 냄새가 흘러나왔다. 단골 케이크 가게가 거기에 있었다. 거리는 소란했고 가끔 싸움 소리가 들리기는 했지만은 대부분의 대화에는 기대와 활기가 있었다. 연인들은 손깍지를 끼고 좁은 인도를 서로에게 양보하며 걸었다. 밤늦도록 사람이 많았다. 한겨울에도 늦여름의 밤처럼. 거리에서는 자주 기타를 치는 소리가 밤공기에 빨려 들어갔다. 소낙비가 내리면 토냄새가 나기는 했지만 여러 빛깔의 조명이 축축한 공기를 타고 아기자기한 오로라처럼 흔들렸다. 그 조명을 끔찍해하면서도 어느 밤에는 난잡한 빛을 찾고, 저 멀리 불빛이 보이면 마침내 도착했구나 안심했다. 나는 전의 동네를 곧잘 더럽다 흉봤지만 그것은 진정으로 나의 동네라고 생각했기 때문에 할 수 있었던, 가까운 사이에서만 가능한 흉보기 같은 것이었다.

돌아가야 할 것 같다. 돌아가고 싶지는 않다. 나는 도대체 어떻게 하고 싶은 것일까? 나조차도 알 수 없었다. 어떻게 하고 싶다고 해서 딱히 어쩔 수도 없는 노릇이었다. 집을 옮기는 일은 건널목을 건너

듯 간단하지 않다. 나는 이미 돈과 시간을 들여 이사를 왔고 당분간은 꼼짝없이 이곳에 살아야 한다. 나에게는 새집이 있다. 생긴 것이다. 그런데 집을 잃어버린 것 같은 이 마음을 대체 어떻게 해야 할까? 사실은 집을 잃지 않았습니다. 하지만 그런 기분이 들었다는 것만으로, 이 마음을 어떻게 이해받고 싶은 것인지 알 수 없었다.

그런 기분을 여전히 안고 새 동네의 거리로 나선 날이었다. 구체적으로 무엇을 할지는 정하지 않았다. 주위에 있는 사람들의 움직임을 보면서 적당히 걸었고 적당한 가게에 들어가 구경을 하고 또 걸으며 경치를 흘려보냈다. 그러다 문득 간판 하나가 눈에 들어왔다.

아낌없이 주는 과일 가게

이상한 일이었다. 마치 준비하고 있던 것처럼, 과일 가게의 간판을 발견하는 즉시 마음이 풀어졌다. 그 감각은 마치 들고 있던 가방을 내려놓은 듯 생생했다. 방금까지와 다르지 않은 거리인데 알록달록한 과일의 빛깔처럼 채도가 조금 높아진 느낌이 들었다. 온통 낯설기만 한 외국의 여행지에서 익숙한 브랜드의 커피 가게를 발견했을 때처럼. 한순간 이 동네가 친근하게 느껴졌다. 단지 과일 가게 하나 때문이었다. 아낌없이 주는 과일 가게가 동네에 있었음을 알아차렸을 뿐.

나는 아낌없이 주는 과일 가게로 들어섰다. 인도를 조금 차지한 매대와 안쪽의 선반까지 찬찬히 살폈다. 당도가 좋은 수박, 씨 없는 청포도, 줄단감, 대저 토마토와 바나나. 레몬과 사과. 종이 상자의 골판지를 잘라 세워둔 표지판에는 과일의 원산지와 가격이 적혀 있었다. 그날 아낌없이 주는 과일 가게에서 팔던 사과는 영천의 것이었다. 나는 아주 오래전 영천 사과로 만화를 그린 일이 있다. 그때 영천을 나는 '영원한 천국'이라고 불렀다.

사과는 낱알로도 팔고 있었다. 3,000원을 주고 두 알을 샀다. 사과는 내가 매일 아침 먹는 것이다. 사과 두 알이 담긴 노란 봉투를 들고 집으로 걸으며, 나는 비로소 이제 여기가 내 동네라는 마음을 먹게 됐다. 아낌없이 주는 과일 가게가 있는 여기가 내 동네였다.

참고로 아낌없이 주는 과일 가게는 그렇게까지 아낌없이 과일을 주지는 않았다. (웃음) 그렇지만 그 순간에, 과일 가게를 발견한 그 순간만큼은 분명히 나에게 지금 사는 곳에의 아낌을 주었다.

오늘도 과일 가게 앞을 지났다. 정확히는 아낌없이 주는 과일 가게 건너편의 마을버스 정류장을 지나고 있었다. 마주 오던 여성 두 명이 아낌없이 주는 과일 가게의 노란 비닐봉지를 든 채 "천혜향은 향이 천 리를 간다고 천혜향이래." 그런 대화를 나누며 나를 지나쳤다. (후에 검색해보니 천혜향은 하늘이 내린 향기라는 뜻이었다.) 그러면 레드향은 어떻게 그런 이름이 되었을까? 생각하며 정류장을 통과하려는데, 갑자기 정류장에서 버스를 기다리던 할머니가 2차선 도로 너머로 크게 "아저씨!" 하고 외쳤다. 깜짝 놀랄 새도 없이 할머니는 "아저씨, 바나나, 송이, 얼마!" 하고 외침을 이었다.

곧 외부 매대에서 과일을 정리하던 아낌없이 주

는 과일 가게 주인의 답이 같은 크기의 목소리로 돌아왔다. "네 개 10,000원!" 주인은 갑자기 껄껄 웃었다. 그러다 다시 외쳤다. "네 개 9,000원!" 주인이 웃은 숨이 천천히 거리에 부딪히다가 스며들었다. 할머니는 더는 답을 하지 않고, 과일 가게로 이어지는 횡단보도 쪽으로 향했다. 신호가 곧 파란불로 바뀔 시점이었다.

나는 다시 천천히 걸었다. 나의 집으로.

감 떨어지기를 기다리기

아무 데나 뒹굴어도 좋을 날씨였다. 은행나무 아래를 지났다. 은행나무를 알아본 것은 아니고, 이미 먼저 떨어져 뒹굴던 은행알을 피하며 은행나무 아래라는 것을 알았다.

익힌 은행에는 적정 섭취량이 있다. 성인의 경우 하루 10개 이하, 어린이는 2~3개 이하라고 한다. 은행에 독성이 있기 때문이다. 과다 섭취 시 복통, 구토, 호흡곤란과 발작, 의식 소실 등의 중독 현상이 일어날 수 있다. 옛 문헌에 굶주린 사람들이 밥 대신 은행을 많이 먹었다가 다음 날 모두 죽어 있었다는 기록도 있다 한다. 너무 무섭다. 과일… 과일에도 있을까? 너무 많이 먹으면 죽어버리는 과일이…. 나는 과일을 많이 먹고, 과일 중독 같은 것이 있다면 쉽게 걸려들 것 같다.

다른 과일은 몰라도 감을 많이 먹으면 안 된다는 이야기는 들었다. 감의 탄닌 성분이 소화불량과 변비를 일으킬 수 있기 때문이라고 했다. 나는 감을 너무 좋아한다. 뭐, 다른 과일은 안 좋아하겠느냐마는…. 나는 까치가 포악한 성격과 왕성한 포식력으로 농작물에 피해를 주는 해조라는 것을 듣고서도 꽤 까치를 좋아했는데, 까치와 인간이 감나무를 공유하고 감을 나누어 먹는 까치밥 이야기를 마음 깊이 두었기 때문이었다. 까치도 감을 좋아하고, 나도 감을 좋아한다. 그러면 까치와 나는 친구인 것 아닌가…. 아무튼 나는 감 한 줄이야 꼬챙이에 꿰인 꼬치처럼 순식간에 먹어치울 수 있다.

나는 감을 땅 위의 명태 정도로 여기고 있는데, 먹는 시기나 가공 방식에 따라 생태, 동태, 코다리, 북어, 황태, 노가리 등으로 불리는 명태처럼 감 또한 여러 가지 형태로 먹을 수 있기 때문이다.

아주 어릴 때는 '홍시'가 좋았다. 가을이 되면 어디선가 부모님은 대봉을 얻어 왔다. 항상 누군가가 줬다 했다. 나는 문구점을 하는 친구, 정육점을 하는 친구처럼, 감나무가 있는 친구가 엄마 아빠에게 있다고 생각했다. 그렇게 얻어 온 감을 신문지 위에 펼쳐두고 감이 익기를 기다리는 시간이 좋았다. 내 홍시는 이거야. 가장 예뻐 보이는 감을 찜해두고 여러 밤을 잤다. 정작 그렇게 익은 홍시의 맛은 잘 기억이 나지 않는다. 그래도 아침과 밤마다 감이 익었을까,

혹시 오빠가 내 홍시를 먹지는 않았을까, 초조해하는 일이 재밌었다.

'곶감'도 좋았다. 전래동화 속 호랑이가 곶감을 무서워했기 때문이다. 곶감을 먹으면 호랑이보다 내가 더 용감한 것 같았다. 어쩐 일인지 어른들이 칭찬을 하기도 했다. 아이가 곶감도 잘 먹는다는 것이다. 그저 맛있어서 먹을 뿐이었는데. 곶감도 먹고 대견하게 여겨지기도 하고, 곶감을 먹는 일에 나쁜 일이란 없었다.

나중에 곶감을 만드는 과정을 알게 된 이후에는 곶감이 더 좋아졌다. 껍질을 벗긴 감을 여러 개 꿰어 매단 후 볕이 잘 드는 곳에서 말린다. 그렇게 찬바람을 맞으면 곶감이 된다. 주렁주렁 엮인 감은 꼭 주홍색 목걸이 같아. 태양과 바람을 가두어 맛있어지는 보석 목걸이.

'단감'은 쭉 좋았다. 알기 쉽게 붙어오는 단맛보다는 조금 수줍은 듯 배어 나오는 은은한 달콤함이 좋다. 과즙도 무른 것보다는 다소 단단한 쪽이 더욱 청량하게 느껴진다. 단감은 10kg 상자를 사도 전혀 부담을 느끼지 않지만, 상자로 사두면 인내와 절

제라는 것이 도무지 없는 내가 하루 사이에 단감을 얼마나 먹어치울지 알 수 없기 때문에 위장과 엉덩이 건강을 위하여 가능하면 한 줄 단위로 사들이고 있다.

요즘은 '연시'가 좋다. 홍시도 단감도 아닌 연시. 연시를 구입할 때는 밑면이 넓적한 가방을 골라 들고 마트에 간다. 보통 플라스틱 팩에 포장되어 있어 손상이 갈 염려는 적지만, 그래도 한쪽으로 기울거나 쏠리지 않도록 조심하는 것이다. 내 발가락 터지는 건 생각도 안 하고 한겨울에도 맨발에 슬리퍼를 신고 함부로 다니면서 연시는 이렇게 애지중지를 한다.

이사를 온 곳에는 발코니가 있고 옥상정원에서 매일같이 낙엽이 떨어진다. 청소를 해야지. 너무 귀찮다. 과일이나 떨어졌으면 좋겠다. 감나무 아래처럼 누워 있고 싶다. 감나무 아래에는 정말 감이 떨어질까? 감나무를 가져본 적이 없어서 모르겠다. 옥상정원에서 감나무를 기른다면 좋겠다. 옥상정원 감나무의 가지가 우리 집 발코니까지 뻗고 뻗는 거야. 가을이면 감이 열리겠지. 아주 많이 열려서 가지가 기울고 결국 우리 집 발코니로 감을 떨어뜨리게 된다면 좋겠다. 그러면 까치와도 나누어 먹을 텐데.

슬픔과 과일의 단맛은 수용성

장마를 앞둔 그날은 마음이 하찮게 느껴지고 몇 번을 그어보려 해도 불이 잘 붙지 않았다. 노래는 듣기 싫은 소문처럼 웅성거렸고 식사를 들일 의욕도 없었다. 마구 쏘다닐 기분만은 됐다.

밖으로 나섰다. 오후 3시. 거리의 간판은 언제나처럼 일정하지 않은 사각으로 다닥다닥 붙어 있었고 그런 유혹이 싫었다. 싫었다. 아무래도 좋다. 싫다. 좋다. 전부 싫다. 아무래도 좋은 것과 다 싫은 것 중 어느 것이 더 나쁜지 모르겠다. 선택하는 일이 아닌데 자주 둘 중에 고르는 줄로 알았다. 나쁜 일은 피하고 싶다. 좋은 일이 생기는 것보다 나쁜 일을 피할 수 있기를 바라던 때가 오래 있었다. 그게 나라고 생각하면 약간 슬퍼졌다. 이런 약간씩의 슬픔이 너무 많다. 계속 걸었다. 지긋지긋한 마음이 곧바로 따라붙는다.

* * *

우울은 수용성이라는 말이 있다. 눈물을 쏟고 나면 가슴속 응어리도 함께 쓸어진다거나, 따뜻한 물로 샤워를 하면 슬픔과 괴로움, 무기력이 씻겨 나간다는 것이다. 과학적인 근거는 전혀 없다. 그래도 다수의 증언이 있다. 우울할 땐 샤워를 하세요. 기분이 나아집니다. 그런 말들이 지금까지 꽤 유용한 것으로 여겨지며 계속되고 있다.

* * *

걷다 보니 문득 머리 위가 너무 밝다는 생각이 들었고 올려다보니 구름이 온통 하늘을 덮고 있었다. 빛이 아닌데 어설프게 흰 구름이 꼭 빛 같다. 인생에 드리운 것들은 왜 이렇게 희게 느껴지지 않을까? 시간은 이제 막 오후 4시를 향해 가는 참이고 해는 지지 않았다. 그런데 뜬 느낌도 없었다. 꼭 졸릴 때의 시야를 닮았다. 구름이 꽉 차 있는데 어디를 봐도 허공 같다. 비는 언제부터지? 그렇다. 곧 장마다. 아무래도 좋은 것이 아닌, 할 일이 생각났다.

* * *

나는 샤워를 좋아하지 않고, 그런데 좋아한다. 귀찮고 즐겁다. 그러니까 샤워를 하기로 마음먹고 욕실에 들어서기까지는 굉장히 귀찮은데 (우울하면 무기력이 심해 꼼짝도 할 수 없으니 더욱 그렇다.) 일단 따뜻한 물을 온몸에 적시고 나면 비누칠은 이미 끝났는데도 물을 잠그고 욕실을 빠져나가고 싶지 않아진다. 물은 이상하다. 어떻게 이상한지는 구체적으로 잘 말할 수 없지만…. 사람을 당기고 그래도 안으로 들어서기에는 거리낌을 주고 일단 들인 다음에는 놓지 않는다.

바다에 가고 싶어.

나는 계절에 관계없이 그런 말을 자주 했다. 이상하지. 물가로 가고 싶다. 그렇게 해수욕을 할 때도, 실내 수영장의 풀 안에 들어갈 때도, 이상함은 계속됐다. 비를 맞을 때도 그랬다. 하는 수 없이, 혹은 일부러 일단 비를 맞고 나면 아무래도 상관이 없다는 생각이 들면서 웃음이 나온다. 비가 더 세차게 내렸으면 좋겠다. 뚱땅뚱땅 새로 젖으면서 거리를 영원히 뛰고 싶어진다.

* * *

    과일 가게를 나설 때 즈음은 확실히 빌딩과 그늘의 경계가 희미해졌다. 구름에 가려 해는 보이지 않지만 슬슬 어두워지고 있다는 뜻이다. 과일 가게의 노란 비닐 봉투를 고쳐 들고 걷다가 문득 강남으로 출퇴근하던 때가 떠올랐다. 고된 일에 몸도 마음도 허름했던 시기다. 잠깐 숨을 돌리려 사무실 밖 인도로 나왔다. 빌딩 사이의 하늘은 서서히 저물고 있었고 그러나 일몰까지는 아직 유예가 있었다. 하늘의 절반은 아직 파란색이었다. 그 아래로 약간 흐린 경계가 있었고 그다음 선명한 주홍빛이 타오르며 고층 빌딩의 유리를 같은 색으로 반사하고 있었다. 이어진 수많은 건물이 좁은 간격으로 그늘을 늘어뜨렸고, 그건 꼭 건널 수 있는 하늘 다리처럼 보였다.

* * *

    샤워를 하면서 여러 가지 생각을 하는 사람이 있고 아무 생각도 하지 않는 사람도 있다는데, 나는 그때그때 다르다. 다만 태어나는 느낌은 줄곧 든다. 샤워기를 욕실 봉 상단에 고정하고 머리부터 흠뻑 적신다. 이어 목뒤, 승모근, 어깨와 등으로 뜨거운 물을 흘린다. 나는 태어날 거야. 예전의 나는 좁고 한정적인 물줄기를 따라 사라졌다. 증거는 없다. 지난 나의 껍질은 배수구 아래로 흘려보냈기 때문에. 각질과 같은 피부의 일부와 체액, 그렇게 내가 조금 사라지고 깨끗한 물을 새로 머금어 살을 채워가는 느낌이 좋다.

* * *

강남. 늦은 퇴근길. 인도에서 본 그 하늘을 떠올렸다. 분명히 아름다웠고, 내가 아직 그것을 아름답게 여길 수 있다는 것에 감동받았다. 아름다움을 느꼈다. 그 사실이 질질 끌며 걷던 지친 발아래를, 피곤으로 저린 손아귀를 밝게 채워주었다. 주먹을 살짝 쥐고, 내가 아름답게 여길 수 있는 것들을 마음의 조약돌이라 부르기로 했다. 삶의 깨끗한 조약돌이라고. 아름다운 하늘. 연속되던 그늘의 다리. 그런 것들을 손에 꼭 쥐고 있어야 한다고. 이 삶에 몇 개든지.

* * *

멈춰서 가만히 물을 받아만 내고 있다 보면 영원히 샤워를 할 수 있을 것 같다는, 그렇게 하고 싶다는 생각이 드는데, 머리에 힘을 주어 샤워는 10분에서 15분 내로 끝낸다. 물을 아끼기 위해. 북극곰을 살리지는 못해도 더는 해치면 안 된다. 해치는 것도 내가 어떻게 할 수 없을 것 같지만. 그냥 조금은 덜 괴롭다면 좋겠어.

* * *

실제로 쥐어볼 수 없는 것이라고 해도. 허황된 망상이라고 해도. 아무래도 좋고 자주 나쁜 이 삶에서 환희와 닮았던 그 하늘을, 아름다움을 인지하던 나의 생생함을 조약돌로 만들어 쥐어본다면. 주머니에 몇 알씩 넣어두고 만져볼 수 있다면. 그렇게 돌 쌓으며 살아가보는 일도 가능한 것 아닌가. 역으로 걸으며 주먹을 쥐었다가 살짝 벌려 손바닥을 보았다. 의욕 없다. 아무래도 좋은 것과 다 싫은 것 중 어느 것이 더 나쁜 것인지 모르겠다. 슬픔이 너무 많다. 미래와 축복은 없다. 그래도 작은 돌 몇 개쯤은 놓여 있다고 상상할 수 있었다. 그런 알알의 아름다움이.

* * *

수용의 성질은 우울뿐이 아니라 과일에도 있다. 지난 메일에 나는 편집자 선생님께 이런 말을 붙였었다.

비가 잦지요, 선생님.
과일이 무르게 되거나 씻겨 나간 단맛에 조금 슬퍼지는 시기이기도 하지요.

비는 과일의 당도를 낮출 수 있다. 과일이 성숙하는 시기에 과도하게 수분을 흡수하게 되면 당분의

농도가 옅어진다. 비가 오는 동안 구름으로 일조량이 줄어드는 원인도 있고. 세찬 비에 꼭 낙과하지 않더라도 껍질 강도가 약한 과일의 경우 비에 두들겨 맞아 물러지거나 갈라지는 등 품질이 떨어질 가능성도 있다. 물론 과일의 종류나 재배 환경에 따라 다르고 비가 온다고 해서 모든 과일의 맛이 묽어지는 것은 아니지만. 일단 이어지는 비 소식이 있으면 초조해진다. 며칠 오는 비에도 과일의 맛이 걱정되는데, 장마라면 큰일이다. 장마 소식이 들리면 나는 서둘러 과일 가게로 간다. 비를 맞기 전에 수확한 과일을 넉넉히 사두려는 것이다. 바로 오늘처럼.

과일 가게를 마지막으로, 쏘다니는 일을 그치고 귀가 후 곧장 부엌으로 향한다. 냉장고의 위칸에는 사과와 사과가 생성하는 후숙 성분인 에틸렌 호르몬에 노출되어도 괜찮은 수박을, 그리고 나머지 과일은 아래칸에 두었다. 사과, 포도, 복숭아와 참외. 장마 동안 또 먹고 싶을 만한 과일이 없을지 냉장고 문을 여러 번 열고 고심한다. 이미 과일은 1인 가구의 것이라 하기에는 지나친 정도인데. 요즘은 기후가 불안정해 장마가 전보다 길게 이어지지 않고, 스콜처럼 짧게 치고 물러나는 것도 충분히 알고 있는데.

이 많은 과일을 신선 기간 내에 다 먹을 수 있을까? 하는 걱정은 전혀 하지 않았다. 과일을 먹는 데에 부족함은 있어도 과잉 공급은 여태 없었던 것이다. (아빠의 키위는 제외하고. 108쪽 참고.) 빨갛고 노랗고 초록색인 과일들. 여러 개의 길고 짧은 동그라미들. 이것, 예쁜 돌을 모아둔 것 같네. 그런 생각을 했다. 빨간 돌, 노란 돌, 초록 돌. 그러니까 아름다운 것을 모으고 쥐어본 것 같다고.

장마는 잘 지날 수 있을 것 같다.
드리운 것이 많아도, 비가 연일 와도 괜찮아.
과일은 늘 그렇듯 예상보다 빠르게 사라지겠지만….

최고의 딸기 맛

딸기. 윤기 나는 빨강. 반으로 가르면 나타나는 흰 무늬는 어린 강아지의 뱃살처럼 부드러워 보인다. 예전에 딸기는 그냥 딸기로 불렸다. 마치 '딸기'라는 하나의 품종만이 있는 것처럼. 지금은 마트에서도 다양한 품종의 딸기를 쉽게 구할 수 있다. 설향, 죽향, 금실, 장희, 메리퀸, 비타베리, 킹스베리, 하얀 몸의 만년설까지. 물론 과일의 신품종에 민감한 오랑우탄인 나는 위에 열거한 딸기를 전부 맛보았다. 어느 딸기도 특색이 있어 재미있고 각각 다르게 맛있었다. 그러나 내가 먹은 최고의 딸기는 이 중 없다. 내가 기억하는 최고의 딸기 맛이란 이런 것이다.

서양화과의 실기 전공 수업을 신청해야겠다고 마음먹은 것은, 문예창작학과 건물과 연극영화과 건물을 잇던 2층 높이의 다리 난간에서였다. 난간은 폭이 30cm에서 50cm 정도일까. 아무튼 그때의 나로서는 넉넉하게 느껴졌고 그래서 거기에 곧잘 누워 있었다. 자칫 굴러떨어지면 크게 다칠 수 있었는데. 그때는 난간에 눕거나 앉는 것이 모두에게 자연스러웠다. 누가 말리는 일도 없었다. (그래도 절대로 안전장

치 없이 난간에 누워서는 안 된다.) 책상에 매여 있는 지금보다는 다소 자유로운 몸이었다. (영혼은 그때도 그다지 자유롭지 않았다. 자유롭게 보이기는 했지만 그저 생각을 길게 끌지 못했고 그래서 충동이 행동으로 변환하기까지의 시차가 짧을 뿐이었다.)

   3학년 2학기를 앞두고 있었고, 날씨가 좋았다. 하늘은 푸르고 구름은 큰 뭉치를 만들어 희고 느리게 흘렀다. 오래된 이팝나무는 난간 따위는 훌쩍 뛰어넘으며 가지마다 풍성하게 잎을 드리우고 있었고, 나는 나뭇잎 사이로 스며드는 빛을 보고 있었다. 잎사귀가 대단히 우거져 있었기 때문에 말하자면 거의 캄캄하고 드문드문 조금만 빛났는데, 나는 그게 다 빛 같다고 여겼다. 눈을 감으면 눈 덮개 뒤에서도 빛은 슬렁슬렁 흔들렸다. 그 흔들림을 꺼풀 덮인 눈동자로 좇아 보는 것을 좋아했다.

   마음이 자주 부풀고 꺼졌다. 공기 중에 자잘한 먼지가 흩날리는 것을 보석이라고 여기면서, 한편으로는 가슴에 내려앉은 그 작은 먼지의 무게 하나에도 질식할 것 같았다. 자주 슬펐고, 더 잘 몰랐다. 잘 모르면서 의문과 고통만 생생했다.

왜일까? 왜 깊이깊이 슬플 때도 환하게 기쁠 때도 저 나뭇잎의 그림자는 똑같이 검정일까? 나는 놀라울 정도로 둔감하면서, 왜 동시에 싫증이 날 정도로 예민할까? 대학 건물 틈새, 바위와 수풀 아래로 숨어 있는 고양이는 잘 찾으면서 내 안의 무엇은 하나도 찾을 수 없어 해 질 녘까지 교정을 걸으며 방황했다. 내가 조각이 난 것 같지는 않은데, 잃어버린 것 같지도 않은데 왜 찾을 수 없을까? 이 마음에 무엇이 숨겨진 것일까? 왜 어떤 마음은 마모되고 어떤 것은 계속 날카로울까? 원형으로 다시 붙어보려 그러는 것일까? 나뭇잎 사이로 쏟아지는 흰빛 속에서 왜 나만 불순한 색 같을까? 서양화과의 실기 전공 수업을 신청한 것도, 그런 방황의 연장이었던 것 같다.

서양화과의 실기는 1학년 대상의 전공 수업이었고, 강의실을 가득 채운 수강생 중에 나만 3학년이자 타과생이었다. 내가 입장하자 강의실을 착각해 잘못 들어온 줄 알았는지, 떠들썩하던 강의실에 순간 고요가 내렸다. 내가 더듬더듬 빈자리를 찾아 앉자 입실 전과는 다른 파고로 강의실이 술렁였다. 이어 몹시 강력한 시선이 느껴졌는데, 특히 같은 테이블에서 의자 두 개를 넘기고 앉은 여학우 세 명의 것이 그랬다.

강의 시작과 함께 교수가 출석을 불렀다. 나는 타과이기 때문에 맨 마지막에 이름이 불렸는데, 그때까지 다 아는 이름이라는 듯 심드렁하게 출석을 부르던 교수가 내 이름에 다다르자 "문예창작학과?" 하고 큰 소리를 냈다. 교수님, 제발요…. 딸기에 촘촘히 박힌 씨앗처럼, 체감으로는 수억 개의 눈이 다시 나를 향했다. 나만 불순한 색 같은, 마음의 방황이 다시 밀려올 것 같았다.

수업은 세 시간 동안 이어졌고 강의 중간 한 번의 짧은 휴식이 있었다. 한 시간이 넘도록 내내 옆 좌석의 시선을 받아낸 나는 차라리 휴식 시간이 없었으면 바랐지만 아무튼 나의 의지와 관계없이 그것은 있었다. 밖을 돌기에는 짧고 가만히 앉아 있기에는 긴 쉬는 시간 동안, 나는 그대로 자리에서 가져온 시집을 읽기로 했다. 배색 디자인, 표지에 시인의 얼굴이 작게 드로잉된 그럭저럭 유명한 출판사의 시집이었다. 시집을 펼치고 막 읽으려는데 행 위로 어둑한 그림자가 늘어졌다. 고개를 들자 여학생 세 명이 나를 둘러싸고 서 있었다. 의자 두 개를 넘기고, 그러나 시선은 몹시 가까이 붙어 있던 옆자리 학생들이었다. 만약 내가 지금 나에게서 떨어져 나와 이 상황을 보게 된다면 린치 직전 같을 것이라고 생각했다.

그들은 내 행색을 별로 조심스럽지 않은 시선으로 살피다가 손에 쥔 시집을 가리키더니 이것저것 묻기 시작했다. 시집이에요? 네. 문예창작학과예요? 네. 수업 듣는 거예요? 네…. 나머지 질문은 잘 기억이 안 난다. 일단 질문이 너무 빠르고 많았다. 그리고 어쨌거나 나는 상당히 긴장하고 있었다. 질문을 거듭하던 그들의 말이 점점 편해지는가 싶더니 왠지 나중에는 말을 놓아버렸다. 아무래도 내가 그들과 같은 1학년이라고 생각하는 것 같았다.

그러던 중 세 여학생 중 하나가 갑자기 나에게 주먹을 내밀었다. 이번에는 진짜 린치 같을 거야. 그런 생각을 하는데 여학생이 주먹을 천천히 펼쳤다. 그리고 손바닥 안에 나타나는 사탕 세 개. 노란색, 빨간색, 연두색의 사탕은 각각 레몬 맛, 딸기 맛, 멜론 맛이었다. 먹을래? 거절하기도 뭐해서 나는 대강 제일 눈에 띄는 딸기 맛 빨간 사탕을 골랐다. 그러자 그 여학생 세 명은 무언가를 인정하듯(아직도 이 부분을 잘 이해하지 못하겠다.) 고개를 끄덕였다.

동시에 교수가 다시 강단에 섰고 휴식 시간이 끝났다. 여학생 세 명은 "안녕, 수업 잘 들어!"(너네도 듣잖아.) 하더니 "우리 간다!"(그래봤자 의자 두 칸 옆이었다.) 하고 자리로 돌아갔다. 이제 대강 내 정체는 밝혀진 셈이고 시선으로부터 자유로울 수 있을까 했는데 전보다 더 집요한 눈이 느껴졌다. 그 의미는 바로 알아차릴 수 있었다. 내가 사탕을 먹나 안 먹나 보고 있구나….

평소라면 나는 사탕을 먹지 않는다. 사탕이 별로다. 설탕 맛이 싫고. 특히 과일을 흉내 낸 가향이 질색이었다. 그러나 그 여학생 세 명을 도저히 실망시킬 수 없었다. 기대에 부응해야 한다는, 아무도 누르지 않았으나 나 홀로 느끼는 압박 속에서 나는 빨갛고 작은 봉지를 까 입속으로 사탕을 밀어 넣었다. 보지도 않았는데 옆에서 기뻐하는 기운이 어깨로 목

덜미로 느껴졌다.

딸기 맛 사탕은 그야말로 보통의 딸기 맛 사탕이었다. 큰 특색은 없었다. 딸기의 향을 흉내 냈지만 전혀 딸기 같지 않은 딸기 맛 사탕. 딸기의 향을 닮겠다는 의지조차 별로 느껴지지 않는, 그저 그런 딸기향 맛. 인공적인 단맛에 혀가 찌릿찌릿했다가 서서히 침과 함께 녹아들었다. 그러다가 온통 입이 딸기 맛이 되었다. 정확히는 딸기향 맛. 가짜 딸기 맛. 내가 질색하는 맛.

나는 그 딸기 맛 사탕을 깨물지도 않고 끝까지 천천히 녹여 먹었다. 내가 불시착한 외계인처럼 서양화과의 강의실에 혼자 앉아 있을 때, 짜릿짜릿 다가와준 맛. 어디에도 속하지 못하는 마음으로 그래도 존재해보던 나의 용기와 그런 나에게 다가와 사탕이 든 주먹을 내밀던 여학생 세 명의 용기가 만난 맛. 천천히 나를 녹여준 맛. 조각나지 않고, 마모되지 않고도 녹아드는 맛.

그때는 몰랐다. 내가 훌륭한 과일 오랑우탄으로 성장하리라는 것을. 그래서 가능한 대로 모든 품종의 딸기를 먹게 되리라는 것을. 그러나 내가 먹은 최고의 딸기 맛이란 가짜 딸기이리라는 것을. 그 딸기 향 사탕을 수년이 지난 지금까지도 최고의 딸기 맛이라 여기게 되리라는 것 역시도.

이후 서양화과의 전공 수업에서는… 드로잉을 하다가 어, 지우개가 없네? 싶으면 어디선가 쑥 지우개가 나타났다. 앞자리 서양화과 학생이었다. 명암? 명암이라는 것을 어떻게 넣는 거지? 이렇겐가? 하고 마구 종이를 연필로 그어대고 있으면 뺨으로 작은 바람 같은 기운이 일었고, 고개를 들면 대각선 어디선가 조용히 고개를 가로젓는 서양화과 학생이 있었다. 그러면 아니구나 하고 주변을 잘 관찰한 뒤 고쳤다.

한 명의 문예창작학과 학생을 키우는 데, 온 마을의 서양화과 학생의 보살핌이 있었다. 수업은 이런저런 사정으로 중간에 그만두었던 것 같다. 그래도 불쑥 눈앞에 놓이던 지우개에 묻은 거친 물감 자국, 고개를 가로젓던 어느 학생의 머리칼이 흔들리던 다정한 모양새, 그 보석 같던 알사탕만은 계속계

속 가슴에 남아서. 감은 눈 덮개 뒤에서도 술렁술렁 흔들리는 빛을 얻은 것이었다.

한 알 먹는다고 했다가
두 알 먹는다고 해버렸다

단단한 핵 주위로 부드러운 과육이 둘러싼 열매를 핵과류라고 한다. 유모(有毛)계 복숭아와 체리를 제외한다면 핵과류 과일을 좋아하지 않는다. 외과피와 내과피 부근의 신맛을 잘 견디지 못하기 때문이다. 천도계 복숭아, 자두, 살구 모두 그렇다. 신맛이 있는 껍질과 핵을 제외하고 달콤하고 부드러운 과육만 먹으면 되지 않는가 싶겠지만 굳이 신맛 부위를 피하거나 걷어내는 번거로움을 감수하려는 성의가 부족하기도 하고, 다른 좋아하는 과일도 많기 때문에 결국에는 입에 잘 대지 않게 된다.

　핵과류 과일을 즐기지 않지만 핵과류가 주는 심상은 좋다. 뼈가 있는 과일. 복숭아 안쪽의 씨방을 뼈라고 자주 말했어. 복숭아 뼈. 커다란 복숭아의 뼈가 좋았다. 복숭아 뼈의 외부는 성장의 고뇌를 품은 듯 단단한 주름이 져 있고 안쪽으로 진주와 같은 보석을 숨기고 있을 것 같다. 상처의 보석. 여름의 보석.

　핵과류를 생각하면 언제나 싱싱한 여름. 하늘은 가깝고 흰 구름은 선명해. 톱니 모양의 살구잎이 바람에 몸을 뒤집으며 눈꺼풀 뒤의 빛처럼 흔들린다. 나무 아래에 서면 얼굴에 드리우는 그늘. 그 그늘을 재차 닦으며 살구나 복숭아 따위를 떼어 쥔다. 만지면 만져지는 동그라미. 여름은 다른 계절보다 만져지는 생명이 많다. 젖은 손으로 과실을 쥐면 촘촘히 붙은 작은 털이 물방울 따위는 곧바로 튕겨낸다. 아이의 장난처럼. 번쩍번쩍 태양의 빛을 반사한다. 그런 이미지가 곧바로 그려지는 것이다. 그러나 먹는 일이라면….

너, 살구 싫어하지?

친구 하나가 그렇게 말을 걸었어. 고향 집에서 살구를 보내왔대. 잼을 한 냄비 푹푹 만들고도 한참 남을 정도로 살구가 있다는데. 나에게 여름 살구를 먹이고 싶다네. 여름 살구구나. 너구나. 너는 나에게 여름을 주려는구나. 나는 살구 안 먹는다. 그런데 네가 주려는 여름이 무엇인지 알겠다. 만지면 만져지는 동그라미.

나는 살구가 싫은데 한 알 먹는다고 했다가 두 알 먹는다고 해버렸다.

눈 위를 걷기

신맛을 좋아하지 않는데 겨울이면 꼭 귤 한 봉지를 사게 된다. 태어나 사물을 만지며 부드러움과 단단함에 대해서 알고, 바람은 날마다 달라서 조심스럽게 이마를 만지기도 세차게 등을 밀기도 한다는 것을 감각하고, 비의 웅덩이는 피하고 눈 위로는 미끄러져봄 직하다는 것을, 개구리는 울음 새들은 지저귐 시냇물은 노래를 한다는 것을, 잠을 자는 것은 사람이나 생물만이 아니라서 땅도 겨울이면 잠을 자고 봄에는 기지개를 켜며 조금 부풀어 오른다는 것을 자연스럽게 익히듯 그렇게 겨울에는 귤이라고 배워버린 것 같다.

봉지에서 귤을 한 알만 꺼내어 테이블 위에 두었다. 담요를 어깨에 두르고 가만히 귤을 보고 있었다. 귤은 한가롭구나. 왠지 귤을 보고 있으면 한가로워진다. 이렇게 작은 동그라미, 선명한 주황색의 어디에 그런 여유로움이 있는지 알 수 없다. 따뜻함과 작은 행복. 특별한 일을 하지 않아도 마음이 뿌듯하고 이것만으로 충분하다고 생각하게 된다. 귤을 보고 있노라면 행복의 고저를 계산하는 것을 잠시 잊는다.

　눈 소식이 뜸하다. 애초 뜸한 것이 눈 소식인데. 서울에 살게 된 뒤로 마치 겨울이면 내리는 것이 당연한 듯 여기게 된다. 눈이 좋다. 눈 내리는 일 드문 남쪽의 도시에서 자라서 그럴까. 내가 살던 아파트에서는 눈이 내리면 방송을 했다. 아파트 주민 여러분, 눈이 옵니다 하고. 베란다로 달려가 창문에 이마를 문지르면 간신히 알아차릴 수 있는 눈발이 얇게 그이고 있었다. 놀랍게도 1cm 정도는 쌓였을까. 일단 쌓일 만큼 내렸고 그날은 눈을 이유로 휴교령이 떨어졌다. 그런 도시였다. 그러나 그런 도시에서도 나는 눈 위를 걷는 방법을 알고 있었다. 그것도 방 안에서.

　방 안에서 눈 위를 걷는 방법이란, 귤을 까먹는 것이었다. 귤의 꼭지에 엄지를 세워 넣고 천천히 밀면 귤의 속살과 껍질이 벌어지며 꼭 눈 위를 걷는 소리가 났다. 소복하게 살짝 붙었다 떨어지는 소리. 깨끗하고 조용하게, 하지만 분명히 촘촘한 조직을 가르는 소리. 눌러서 만지는 소리. 어루만지며 다가오는 소리. 겨울방학. 서울의 할아버지 댁에서 걸었던 그 눈길의 소리였다. 그렇게 나는 눈이 오지 않는 십수 해를 남쪽의 방 안에서 눈 위를 걸으며 보낸 것이었다.

설국의 풍경을 흘리는 브라운관 앞에 앉아 귤을 까먹으며 나는 세상의 시작을 상상하고는 했다. 세계의 끝 말고 세상의 시작. 이렇게 하얗게. 하얀 땅을 밟고 무엇인가 오는 것으로부터 세계는 세상의 이름을 얻는다. 와서, 내려서, 세계의 위에 서서 세계를 갈아 치우고 이제부터 이곳은 세상이라고 불리게 된다. 사물은 부드럽거나 단단하게 되고, 바람은 날마다 다르다. 비의 웅덩이가 생기고 눈이 내린다. 개구리는 울고 새들은 지저귀고 시냇물은 노래를 하고 땅은 잠들고 깨어나기를 반복한다. 그것은 상상 속에서 매우 한가로운 풍경이다. 특별한 일은 없어. 그래도 세상은 시작했다. 깨끗하고 조용한 소리를 내면서. 어루만지며 다가오는 소리를 내면서. 눈 위를 걷는 것처럼.

눈 소식은 뜸하고 그러나 지금 내 방에 한 봉지

만큼의 눈의 소리가 있다. 씻을 필요도 칼을 넣을 필요도 없어. 신발을 신을 필요가 없고 외투를 입지 않아도 되지. 특별할 필요 없이 엄지 하나로 한가히 눈 위를 걸어보는 소리가.

과일의 위로

아무리 스스로를 오랑우탄이라 지칭한다지만 그것은 단순히 먹는 과일의 절대적 양이 평균의 인간보다 많을 뿐이고 다양한 종을 먹는 것은 아니다. 심지어 별난 수입 과일을 즐겨 먹지도 않는다. 구하기는 하지만 손이 잘 안 간다. 그렇게 동네 과일 가게에서 파는 익숙한 과일 몇 가지를 돌려서 조금 많이 먹을 뿐이다. 조금은 아닌 것 같긴 한데. 어떻게 이런 내가 과일 이야기로 한 권의 이야기를 쓴다 했을까? 딱히 대단한 용기가 있었던 것이 아니라 '과일? 과일 좋아!' 정도에서 그치는 짧은 생각이 이 지경으로 이끌었음을 고백하고자 한다. 진짜 나는 생각이 너무 짧다. 과일만 많이 먹고….

아무튼 그러다 보면 평소 먹는 것과 다르지 않게 몇 가지 과일 이야기를 여러 번 되풀이하게 되고 이미 수박 이야기는 세 번은 쓴 것 같다. 변명하자면 이건 정말 수박을 많이 먹어서 그렇습니다. 지독할 정도로 먹어요. 여름에는 물을 거의 입에 대지 않습니다. 그냥 수박 마셔요. 아침에 일어나서 수박 마시고 식전에 마시고 식후에 마시고 취침 전에 마시고…. 이렇듯 독자들의 지겨움을 걱정하면서도 이게 내 삶이라 말하고 싶다. 과일 가게의 매대에 놓이는 품목 같은. 사과와 바나나 배와 포도가 늘 있고요. 그런데 가끔 아보카도나 미국산 체리, 애플망고 같은 것이 놓이는. 그렇게 몇 가지 겪음을 되풀이하면서 그러나 가끔 다른 인상을 받고 또 때로는 수년간 되풀이한 일들에서 처음 경이를 느끼기도 합니다. 제 삶과 과일 먹기의 다른 점이라면 과일 먹기가 생활을 이어가기보다는 덜 지긋지긋하다는 데에 있겠습니다.

과일은 맛있으니까.

과일은 가게에서, 남이 키워주는 것을 얌전히 받아 먹는데요, 이건 비슷해요. 제 삶도 남이 자주 키워주니까. 거의 남이 키워주고 있는 것 같은데요. 그래서 그냥 저의 대단함 없음, 되풀이되는 속성의 삶을 인정하고 또 귤 이야기를 써보려 합니다.

* * *

겨울이었다.

겨울이 거리와 나무를 밀어낼 때, 친구가 추위를 뚫고 찾아왔어요. 저는 그때 귤 몇 알을 테이블 위로 굴리고 있었습니다. 귤은 굴리면 맛있어진대. 오래전 그런 이야기를 들은 뒤로 생긴 버릇입니다. 귤은 한 상자를 어디서 얻은 것이었고요, 나머지는 상자째로 보일러를 땐 바닥을 피해 현관 근처에 적당히 두었습니다.

친구는 제 집에 들어서자마자 사는 게 괴롭다고 했어요. 친구를 테이블 맞은편에 앉히고 어깨 위로 담요를 둘러주며 이 말을 얼마나 참았을까? 생각했어요. 역에 내려 우리가 웃었던 이상한 구조물 앞을 지날 때도, 토 냄새가 난다며 진저리를 치던 골목 사이를 돌 때도, 엘리베이터가 없는 5층 건물의 계단을 철썩철썩 올라올 때까지는 분명히 참았을 것입니다. 사는 게 괴로워. 응.

이제 테이블에는 귤 몇 알과 저, 친구가 있습니다. 그때 저는 언젠가 입원했던 6인실 병실을 떠올렸는데요. 옆 침대에서 귤 몇 개를 줬었어요. 아마 병문안 선물로 받은 것을 나누어준 것 같았어요. 언제부터 병문안에는 과일을 가져가게 되었을까요?

신선식품인 데다가 비싸고, 먹기에 간편한 것도 아닌데요. 오히려 그것이 이유일 수도 있겠지만요. 신선식품이고, 비싸고, 약간만 어렵고 귀하고. 아무튼 친구의 마음은 병들어 보였고, 저는 이제부터 친구를 위로할 예정이었습니다.

위로는 늘 어렵다. 타인의 고통을 섣불리 짐작하는 일이 힘들어 더욱 그런 것 같다. 나도 내 고통을 짐작당한 일이 있어 더 조심스러워지고. 사는 게 괴로워. 그래도 그건 약간 알 것 같은 기분이 든다.
반복해서 꾸는 꿈처럼, 인생에서 가장 나쁜 일만 되풀이되는 것 같지. 일도 사람도 마음대로 되지 않고 이렇게 되어보지 못할 마음이라면 이대로 버리고 싶어지지. 마음 따위. 가끔 살아 있는 것이 잘못된 당첨운 같고 아름다운 것은 거짓으로 느껴지고 추악과 고통만이 진짜 같다.
언제나 괴로움은 행복을 가볍게 극복한다. 보통은 다들 그래. 괴로움을 극복하고 행복하려 하는데 잘되는 것은 반대다. 언제나 막연한 미래의 행복보다 현재의 괴로움이 해상도가 높다.

언제까지 이렇게 살아야 할까. 그런 말을 할 때는 예감을 누르느라 정신이 없지. 영원을 삶의 누추함으로 데려오고 싶지 않아서. 자꾸 나쁜 생각만 드니까. 그래도 너는 잘해보려고 한다. 너는 너와 세상을 용서하려는 태도를 갖고 그것은 네 나름의 타협이고 그래서 가끔 벌을 껴안고 살아간다는 것을 안다. 그때 너의 어깨와 가슴 위로 부드러운 담요를 덮을 수 있다면. 친구가 어떤 좁은 골목을 지날 때, 위로는 아주 조금만 통과할 수 있을 것 같을 때. 막다른 길을 피해 눈앞의 친구를 인도해줄 수 있기를. 그런 걸 잘해보고 싶은데.

위로는 뭘까요? 저는 그동안 어떤 위로를 해왔을까요? 제가 해온 위로 중에 잘된 것이 있었을까요? 아무리 생각해도 잘된 위로 같은 것은 알 수 없었습니다. 나의 위로는 건네는 순간 당신의 것이 되기 때문에. 잘된 위로도 잘못된 위로도 당신만이 알 수 있기 때문에. 저에게 그 결과가 전해지는 일은 좀처럼 없지요. 그런데 잘된 위로는 몰라도 잘못한 위로는 어쩐지 알 것 같았습니다. 그런 불균형이 억울

하고 저는 무서웠어요. 앞서 말한 것도 전부 저의 짐작일 뿐이고 약간만 안다는 것도 전부 제 이야기고 제 기분일 뿐이지요. 무엇을 말해도 경박할 것 같았어요. 입안에서 말을 고르고 골랐는데요. 말은 고르고 고를수록 우글우글해지고 구르고 굴러서 못 쓰게 되어버렸어요.

귤은 굴리면 맛있어진대. 그런 이야기를 들었어요. 저도 그런 말을 함부로 했어요. 이렇게 구른 귤이 제 앞에 있는데요. 귤은 구르면 상처가 납니다. 맛있어지는 것은 몰라.

친구는 이제 간다고 했어요. 금방 일어서서 현관을 향했습니다. 저는 싱크대 선반에서 봉투를 꺼내어 급히 상자 안의 귤을 담았어요. 그 순간에도 손끝으로 귤을 고르고 있었는데요. 작고 알이 꽉 찬 것. 그래도 너무 단단하지는 않은 것. 껍질과 알맹이의 사이가 헐렁하지 않은 것. 무른 곳이 없는 것. 친구가 이제 됐다고 할 때까지 귤을 봉투에 쑤셔 넣었어요.

건강해.

　제가 귤 봉지와 함께 건넨 말이었어요. 친구는 귤 고마워. 말하고 떠났습니다. 귤 고마워. 지금의 고마움은 귤만을 이야기한 것은 아닐 거예요. 나의 서툰 위로에 친구는 찬사를 보내주었습니다.

토마토는 채소일까 과일일까

대형마트에 가면 토마토는 과일 판매대에 있다. 내가 백화점 식품관 청과 코너에서 아르바이트를 할 때는 토마토를 과일 코너에 진열하지 않았다. 그때 그 백화점에서는 토마토를 신선채소로 분류했다. 초등학생 때 토마토는 채소일까 과일일까? 질문을 하고 토마토를 과일이라고 답하면 땡! 채소야! 하는 질문 놀이가 있었다. 정답을 말하자면 토마토는 꽃의 씨방에서 씨앗을 포함하여 발달하는 작물이기 때문에 식물학적으로는 과일이지만 관세를 적용하기 위한 법률적 맥락에서는 채소로 분류된다. 과일과 채소의 특성을 모두 지닌 중간 형태의 작물로 과채류라 분류하기도 한다. 복잡하다.

나는 토마토가 과일이든 채소든 외계인이든 공룡이든 상관이 없다. 법관도 아니고 학자도 아니니까. 채소라고 생각하고 먹으면 채소가 되고, 과일이라고 생각하고 먹으면 과일이 된다. 이렇듯 토마토는 법과 과학, 판매자와 구매자, 요리하는 사람과 먹는 사람에 따라 여러 맥락으로 분류되지만 정작 토마토의 의사는 어떨까? 토마토는 무엇이 되고 싶었을까? 그런 게 궁금했다.

토마토는 무엇이 되고 싶었을까?

어릴 때는 왜 그렇게 편을 가르는 놀이가 많았던 건지. 의자는 왜 항상 두 개씩 짝을 이루었던 것인지 그런 게 괴로웠다. 아이들은 자주 편을 가르고 놀거나 싸웠다. 너는 이쪽 편이야, 저쪽 편이야? 그런 질문을 많이 받았다. 나는 어느 쪽 편도 될 수 있었고 누구의 편도 아니었다. 대체로 이쪽도 이해할 수 있고 저쪽도 이해할 수 있었다. 이쪽도 이해가 가지 않거나 저쪽도 이해할 수 없었다. 그냥 아무래도 좋은 것이 아니라, 둘 다 좋을 때가 많았다. 둘 다 싫을 때도 있었지만. 그런 것을 반으로 나누어 어느 한쪽을 반드시 택해야 한다는 것이 부당하게 느껴졌다. 나는 어느 쪽도 아닌데. 말하자면 그 사이에 있는데.

그때의 세계에는 우리 1과 우리 2가 있고 우리 1과 우리 2를 선택하지 않는 우리 3은 없었다. 우리 1과 우리 2 중 무엇도 선택하지 않은 대가는 외톨이로 남는 것이었다. 가끔 깍두기가 되었다. 그러나 깍두기는 끼워주는 것일뿐, 속하는 일은 아니었다. 나는 우리와 우리 사이에 혼자였다. 이쪽과 저쪽 모든 쪽에 속하면서 어느 쪽에도 속하지 못하는 고립감을 자주 느꼈다. 이상했다. 남들보다 우리를 많이 가져서 우리의 사이에 혼자 있는 것이.

종종 나는 누구와도 잘 지낸다는 이야기를 들었지만 사실은 누구와도 깊게 관계하지 못하고 잘 지내지 못하는 상태가 아닐까 생각했다. 친구가 많다는 말을 들었지만 청백을 가르는 운동이나 짝을 정해 앉는 일에 어려움을 느꼈다. 나도 어느 쪽이든 선택하고 홀가분해지고 싶은 유혹을 느꼈다. 그런데 왠지 그렇게 할 수 없었다. 나는 이쪽과 저쪽 중에 선택하지 못한 것이 아니었으니까. 어느 쪽을 고르는 선택지가 있는 것처럼, 어느 쪽을 포기하거나 소외하는 선택지가 나에게 없을 뿐이었다. 어느 쪽에도 속하지 않는다는 자신의 마음을 따르는 일을 포기할 수 없었다.

그런 마음은 별로 이해받지 못했고 아이들은 이쪽도 저쪽도 아닌 것에 거리를 두었다. 우리에는 우리 편만 들어갈 수 있으니까. 이해를 하면서도 그때의 고립감은 상당히 서글픈 마음으로 남아 있다. 나는 많은 우리를 가졌지만 너의 우리는 되지 못했다. 우리를 가지려면 나는 내가 되지 못해야 했다. 그저 무작정 순간순간을 견디면서 살았다. 딱히 방법이 없기도 했고.

편 가르기는 어른이 되고 혼자 일을 하면서 조금 비켜나 있을 수 있게 됐다. 직장 생활을 지속했다면 또 모르겠다. 직장 내 파벌 싸움에 관한 이야기는 많이 들린다. 인간은 언제까지나 편을 좋아하고 분류되기를 희망하니까. 성격유형검사 같은 것이 유행하고.

토마토는 무엇이 되고 싶었을까? 아무것도 되고 싶지 않았을 수도 있다. 그냥 토마토는 토마토이고 싶었을 수 있다. 내가 나로 있고 싶었던 것처럼. 아니면 아무 생각이 없었을 수도 있고. 나는 그냥 토마토가 토마토라서 좋다. 토마토는 토마토. 기러기. 토마토. 장발장. 회문(回文)으로 된 이름이 주는 장난기가 태양처럼 좋다. 얼굴이 잘 빨개지는 아이를 토마토라고 부르고는 했는데, 나는 토마토를 좋아해서 그 아이가 토마토인 것이 좋았다. 그런데 토마토라고 하면 놀리는 줄 아니까 토마토라고 부르지 않았다.

    토마토는 어디에 있든 토마토. 외계인이든 공룡이든 토마토는 토마토. 오늘은 어떤 토마토를 먹을까? 오늘의 토마토가 무엇이 되고 싶은지 듣고 싶다. 토마토로 살아가는 토마토의 마음을. 그리고 토마토가 원하는 토마토로 해주고 싶어. 나는 내가 되기로 한 선택을 후회하지 않는다.

백화점 청과 코너에서
아르바이트를 한 이야기

수능시험이 끝났다.

자유는 모르겠고, 여유는 있었다.

방학이었을지도 모르겠다. 수능을 마치고 등교하지 않던 날들이었다. 수험이라는 하나의 큰 화제가 사라지자 아이들의 이야기는 여기저기로 찢어져 눈송이처럼 부유했다. 정작 남쪽 도시인 이곳은 눈이 잘 내리지 않았다. 가까운 도시의 대학 이야기. 먼 서울로 올라간 선배 이야기. 그 선배를 이 도시에서 우연히 마주친 이야기. 연애 이야기. 연애가 끝난 이야기. 새로 생긴 쇼핑몰 이야기. 영화관이 들어선다는 이야기. 증명사진을 잘 찍는 사진관 이야기. 신분증 검사를 하지 않는 술집 이야기. 19세가 상상할 수 있는 위험한 이야기. 19세가 겪을 수 없는 이야기. 그러나 사실은 19세도 충분히 겪을 수 있는 이야기. 그런 이야기들이 아이다운 맞장구와 함께 이곳에서 저곳으로 뒹굴었다. 그중에 아르바이트 이야기가 있었다. 백화점 단기 아르바이트였다.

처음으로 이력서를 썼다. 사진은 붙이지 않아도 좋다고 했다. 기껏 알아둔 증명사진을 잘 찍는다는 사진관에는 가지 않아도 되었다. 적을 이력이 없어서 중학교와 고등학교, 가족관계, 연락처와 주소만을 겨우 채워 넣은 종이를 들고 직접 백화점으로 갔다. 그 자리에서 면접을 봤다. 기간은 2주. 어느 매장으로 배치될지는 알 수 없다고 했다. 열심히 하겠다는 말을 했는지 안 했는지 기억이 나지 않는다. 함께 지원한 친구 세 명 중 한 명은 지원 직후 다른 아르바이트 자리를 찾았고 한 명은 떨어졌다고 했다. 나는 백화점으로부터 합격 전화를 받았다. 당장 내일부터 출근이라고 했다.

　알겠습니다. 거실의 유선전화를 내려놓고 나는 현관으로 갔다. 신발장을 열자 내 발보다 약간 큰 구두 한 켤레가 있었다. 밑창은 크게 닳음이 없이 깨끗했지만 발등 주위로 주름이 심했고 가장자리가 지쳐 있었다. 백화점에서 살 수 있는, 특히나 중년 남성의 구두란 얼마인지 그 값을 전혀 짐작할 수 없었다. 아르바이트는 2주. 그래도 한 달의 절반을 일해 번 돈이라면 살 수 있을 것도 같았다. 내일 출근하면 점심시간에 구두 매장에 잠깐 들러서 살펴보자고 생각했다. 그러나 2주 동안 점심시간에 구두 매장으로 향하는 일은 없었다.

 백화점은 오전 10시에 문을 열었는데, 직원은 오전 8시 30분이면 출근을 마쳐야 했다. 물론 이른 출근에 대한 수당은 없었다. 한데 모여 주의사항을 듣던 단기 아르바이트생들은 그 자리에서 근무 매장을 지정받고 여성관, 패션잡화관, 리빙관 등으로 뿔뿔이 흩어졌다. 앳된 얼굴이 많이 보였다. 자신도 19세면서. 나는 지하 1층 식품관의 청과 코너로 배정되었다. 친구들은 힘들겠다고 했다. 나는 아무 생각이 없었다. 아르바이트 자체가 난생처음이었던 데다가 일에 대한 감각이 없어서 무섭지도 즐겁지도 않았다. 유니폼을 입어야 한다는 것만 조금 긴장되고 설렜다.
 지급된 유니폼에는 백화점답게 머리에 고정하는 위생 스카프까지 포함되어 있었다. 흰 셔츠와 검정 슬랙스의 유니폼이 몸에 맞지 않으면 어쩌지 걱정했다. 다행히 넉넉하지는 않아도 불편하지 않을 정도로는 맞았다. 앞치마 끈을 리본으로 묶어도 좋을지 조금만 고민했다. 결국 어떻게 매듭을 묶었는지는 기억나지 않는다.

친구들은 일이 힘들 줄을 어떻게 예상했을까? 나는 전부 겪어봐야 아는데. 과연이었다. 개장 전까지 과일을 옮기고 흠집이 있거나 모양이 나쁜 과일을 골라내고 보기 좋도록 진열한다. 들이닥치는 손님을 상대하면서 과일을 봉투에 담고 무게를 재고 포장을 하다 보면 어느덧 점심시간이었다. 점심시간은 규정대로라면 한 시간이었지만 한 시간을 전부 쓸 수는 없었다. 청과 코너의 직원 이모들과 교대로 10분에서 15분 만에 식사와 양치까지 모두 마치고 자리로 돌아와야 했다. 다른 매장을 구경할 여유란 없었다.

앉을 수 있는 의자는 당연히 없었고 내내 서 있어야 했다. 여덟 시간을 "어서 오세요." "감사합니다."를 반복하다 보니 힘이 풀린 다리로 겨우 뛰어 퇴근 버스에 올라타면서도 "어서 오세요." 내 쪽에서 인사를 했다. 창피하고 웃겼다. 저녁을 먹으면서 가족들에게 이 이야기를 했는데, 부모님은 안쓰럽다는 얼굴을 했다. 나는 내가 전혀 안쓰럽지 않았다. 그냥 웃겼는데.

아르바이트는 고된 일임에는 틀림이 없었다. 그

래도 가끔 손님이 없는 시간이면 이모들이 나를 백화점 CCTV의 사각지대로 불러 썰다가 남은 과일 조각을 먹여주었다. 백화점 청과 코너에는 몇 가지 종류의 과일을 그 자리에서 껍질을 벗기고 썰어 포장해주는 서비스가 있었다. 그 과정에서 껍질에 두껍게 붙은 과육이나 당도가 적고 모양이 나빠 포장 때 덜어내는 조각을 몰래 나누어 먹었다. (모양이 완전한 과일은 흠과여도 절대로 손을 대면 안 됐다.) 그런 과일은 주로 파인애플이었다. 청과 코너의 이모들은 백화점의 CCTV는 어디에나 있으며, 주로 천장에 있다고 알려주었다. 안 보이지. 그런데 있어. 삐죽이 솟은 파인애플의 머리칼 뒤에서 소곤소곤 그런 이야기를 나눴다.

이후 제대로 직업을 가지고 돈을 벌게 되면서 백화점 과일을 먹어볼 기회가 여러 번 생겼는데, 나에게는 서울의 그 어떤 유명 백화점 과일보다 고향 백화점의 CCTV 사각지대에서 쪼그려 앉아 먹던 조각 과일이 가장 맛있었다. 나에게 백화점 과일이란 여전히 그 기억으로 남아 있다.

청과 코너에서 가장 많이 한 일은, 물론 포장과

진열이 있었지만 역시 '과일 골라주기'였다. 생각보다 정말 많은 손님이 과일을 골라달라 요청해왔다. 성별과 연령을 따지지 않았다. 팽개치듯 알아서 골라보라는 손님도, 제가 과일을 잘 몰라서 그래요 뒷머리를 멋쩍게 긁는 손님도 있었다. 아파트에서 나고 자란 19세가 과일의 무엇을 당신보다 더 잘 알겠는가. 그래도 나도 잘 모른다는 말은 할 수 없었다. 단기 아르바이트생이든 무엇이든 청과 코너의 직원이니까.

속을 까서 한입 맛볼 수 있다면 편할 텐데. 지정된 시식 과일이 아니고서야 그럴 수는 없으니 시각에 의존했다. 보기에 색이 예쁘고 표면이 고르게 둥근 것을 골랐다. 귤이나 오렌지 같은 것은 꼭지의 냄새를 맡아보기도 했다. 물론 그래도 잘 몰랐다. 모르면서 고르다 보니 신이 나서 제가 봤을 때는 이게 맛있을 것 같아요. 얘가 제일 예뻐요. 그런 말을 붙이기도 했다. 손님이 매장을 떠난 후 이모들이 그렇게까지 열심히 고르지 않아도 된다며 웃었다. 저 사람들도, 우리도 잘 몰라. 이모들도 모르는구나. 그런데 왠지 아르바이트의 마지막 날까지 나는 열심히 과일을 골랐다. 왜냐하면 기껏 산 과일이 맛없으면 슬프니까. 병문안 선물일 수도 있고. 지금도 그렇지만 그 당시 병문안 선물로는 과일이 스테디셀러였으니까. 클레임이 들어온 적은 없으니, 다행이었다. 누군가를 위한다는 일이, 다 그런 것 같다. 최선이 될 수 없음을 알면서도, 나도 잘 모르면서도, 최대한 차선에 다가가보는 것. 그런 일.

나중에 본 책에 과일을 잘 고르는 법이 나와 있었다. 보기에 좋은 과일이 먹기에도 좋다고 쓰여 있어서 청과 코너에서 아르바이트를 하던 그날의 내가 조금 위안을 받았다. 클레임은 없었어도 역시 걱정은 되었나 보다.

2주간의 아르바이트를 마치고 내가 아르바이트를 한 그 백화점 1층에서 온 가족이 함께 아빠의 구두를 샀다. 백화점에서 무엇을 사는 일에 익숙하지 않은 가족이 신발을 고르고 신어보는 내내 초조해하는 것이 느껴졌다. 물론 나도 긴장하고 있었다. 아빠는 조금 성급하게 구두를 결정했던 것 같다. 나의 마음이 고마우면서도 편하지 않은 자리를 빨리 벗어나고 싶었을 것이다. 하지만 이 또한 내 섣부른 추측일 뿐이고, 아빠가 그 구두를 마음에 들어 했는지, 불편하지는 않았는지는 알 수 없다.

그날 이후, 아빠가 그 구두를 신은 모습은 기억에 없다. 아빠는 작업화 외에는 다른 신발을 잘 신지 않았다. 누군가를 위한다는 일이, 다 그런 것 같다. 그런 일.

과일 인사

시간이 순식간에 가요, 선생님.
벌써 벚꽃이 지던데요.
이제 온 바닥에 버찌가 흩어지고
흰 신발이란 무방비하겠어요.

그럼 살펴주세요, 선생님.
늘 고맙습니다.

 줄곧 인사를 잘하는 아이였다. 안녕하세요. 처음 뵙겠습니다. 만나서 반가워요. 오랜만에 뵙지요. 잘 지내셨어요. 건강히 지내셨어요? 요즘 어떻게 지내세요? 새해 복 많이 받으세요. 기쁨 많이 발견하는 생일 되시고요. 그럼 잘 부탁합니다. 좋은 하루 보내세요. 밝고 건강한 하루 여시고요. 살펴 가세요. 안녕히 계세요. 안녕히 가세요. 다음에 또 뵐게요. 우리 또 만나요. 고맙습니다.
 인사는 메일로 주고받을 때가 많다. 재택근무를 하면서 더욱 그렇다. 메일에는 용건을 전한 후 끝으로 인사를 남기게 되는데, 이때 너무 딱딱하게 마침을 찍지 않도록 가벼운 이야기를 곁들인다. 보통은 날씨 이야기가 된다. 날씨 이야기는 나름의 다채로움을 가지면서 공통의 화제로 이야기하기가 쉽다. 그렇게 날씨 이야기를 하다 보면 자연스럽게 계절의 소감을 전할 때가 있고 계절에 따라 무르익는 과일 이야기를 하게 되는 경우도 생긴다. 그냥 내가 과일을 너무 많이 먹고 좋아해서 그런 것 같지만.

날씨 인사와 더불어 나에게는 과일 인사가 있다. 과일 인사는 주로 친구에게 한다. 이를테면 "비가 잦네요." "하늘이 높고 날이 맑아요." "눈 소식이 있지요." "무더위에 건강 조심하십시오." 하고 날씨의 특징적인 부분으로 인사를 건네듯 과일 인사 또한 뚜렷한 계절감을 가진 과일을 사용한다. 그러다 보면 아무래도 봄이나 가을보다는 여름과 겨울에 과일 인사를 하게 되는데, 내가 자주 하는 인사는 보통 아래의 두 가지이다.

너 올해 첫 수박 먹었니? (여름 인사)
너 올해 첫 딸기 먹었니? (겨울 인사)

지난여름에도 친구에게 "너 올해 첫 수박 먹었니?" 인사했다. 친구는 아직이라고 했다. 아직도! 얼른 친구를 집으로 불러들여 첫 수박 먹을 약속을 잡았다. 아직이라는 친구에게 제철 과일을 대접할 때면 나는 왜 이렇게 즐거운지 모르겠다. 너는 수박을 먹을 때면 수박만큼 시원스레 입을 벌리고, 딸기를 먹을 때면 딸기처럼 약간만 뾰족하게 얼굴을 모은다. 그런 표정을 보는 게 왜 재미있는지. 나도 잘 설명하지 못하겠다.

날씨 인사는 처음 만난 사람에게도, 업무로 알게 된 상대에게도 건네기 쉽지만 과일 인사는 대상 범위가 꽤 좁다. 일단 상대가 과일을 즐기는지, 혹은 알레르기가 있지는 않은지 알지 못하는 상태에서 "올해 첫 수박 드셨어요?"라고 인사를 건넬 수는 없다. 처음 만난 상대에게 "올해 첫 딸기 드셨어요?" 인사를 한다면 미친 사람 취급을 받을 수도 있다. 그러니 과일 인사를 할 수 있는 상대란, 그 자체로 나름의 친밀과 유대가 있는 관계로 한정된다.

애초에 과일 인사에는 친밀과 사랑, 그리고 염려가 있다. 과일 잘 먹고 있니. 식사 외에 과일을 챙

길 수 있는 여유가 있니. 계절이 주는 선물을 제철에 누릴 수 있는 몸과 마음의 여유가. 계절을 느끼고 있니. 느낄 수 있니. 나무와 풀의 열매를 먹으며 너도 그렇게 지상에 뿌리 박고 잘 살고 있는지를 확인하는 것이다.

이 과일 인사에 수박과 딸기와 더불어 몇 해 전부터 한 가지 과일이 추가되었다. 10월 말에서 11월까지 잠깐 맛볼 수 있는 복숭아. 겨울 복숭아다.

겨울 복숭아의 존재를 어떻게 알게 되었더라. 잘 기억이 나지 않는다. 백화점 식품관의 과일 판매대를 둘러보다가 알게 되었을 수도 있고, 신품종 과일이 없는지 인터넷 뉴스 기사를 뒤적이다가 발견했을 수도 있다. 과일에 밝은 또 다른 친구가 소식을 전해주었을지도 모른다.

아무튼 그렇게 겨울 복숭아의 존재를 알고, 나는 겨울 복숭아 두 알을 샀다. 당시 겨울 복숭아는 굉장히 비싸기도 했지만, 구하기가 정말 어려웠다. 그리고 친구에게 전화를 걸었다.

너 겨울 복숭아라고 알아?

몰라.

겨울 복숭아라는 게 있대. 딱 겨울 초입에만 나오는 복숭아인데, 내가 지금 두 알을 구했어.

그래서.

먹으러 올래?

아니, 가기 귀찮아.

그래서 내가 갔다. 늦은 밤이었다. 겨울 복숭아 두 알을 안고 택시를 탔다. 친구는 왜 이렇게까지 하냐는 듯 성가심과 그러나 약간의 호기심을 간직한 채 내가 겨울 복숭아 껍질을 벗기는 모습을 지켜보았다. 마침내 겨울 복숭아를 썰어내고 친구와 함께 입에 무는 순간, 우리는 동시에 감탄했다.

정말 향기롭고 맛있다!

친구의 눈이 겨울 복숭아보다 더 동그랬다. 그래. 나는 이 얼굴이 보고 싶었던 거야. 그렇지? 맛있다! 대박이지? 마구 웃었다. 친구와는 그 뒤로 매해 겨울 복숭아를 먹게 됐다.

세상에 '첫'이 많아. 정말 수많은 '첫'이 있다. 첫사랑 첫눈 첫마디 첫걸음 첫인상 첫 마음 첫차 첫 키스 또 첫… 너에게 처음을 줄게. 그런 약속을 한다. 사람들은. 그것이 사랑의 증명이라고. 나는 그런 것에 별로 감동하지는 않는다. 그래도 우리가 같은 것을 가지고, 그것이 둘 모두에게 좋은 것이라면 좋다. 해의 첫 과일. 네 인생의 첫 과일.

해의 첫 과일. 그것을 매해 너와 나의 인사로 할게. 네 인생의 첫 과일. 그것을 내가 주는 것으로 할게. 처음을 나눌게.

올해 첫 수박 먹었니? 첫 딸기는? 올해의 겨울 복숭아는?

 028 　　　　　과일

여름이 긴 것은
수박을 많이 먹으라는 뜻이다

1판 1쇄 찍음 2025년 6월 11일　　지은이 쩡찌
1판 1쇄 펴냄 2025년 6월 18일

편집 김지향 최서영 길은수
교정교열 안강휘
디자인 김혜수 박연미
일러스트 쩡찌
미술 이미화 김낙훈 한나은
마케팅 정대용 허진호 김채훈 홍수현 이지원 이지혜 이호정
홍보 이시윤 김유경
저작권 남유선 한문숙 김다정 송지영
제작 임지헌 김한수 임수아 권순택
관리 박경희 김지현 박성민

펴낸이 박상준
펴낸곳 세미콜론
출판등록 1997. 3. 24. (제16-1444호)
06027 서울특별시 강남구 도산대로1길 62
대표전화 515-2000
팩시밀리 515-2007
편집부 517-4263　　　세미콜론은 민음사 출판그룹의
팩시밀리 515-2329　　　만화·예술·라이프스타일 브랜드입니다.
　　　　　　　　　　　　www.semicolon.co.kr
ISBN
979-11-94087-71-7 03810　　엑스 semicolon_books
　　　　　　　　　　　　인스타그램 semicolon.books
　　　　　　　　　　　　페이스북 SemicolonBooks

001	이다혜	조식	아침을 먹다가 생각한 것들
002	미깡	해장 음식	나라 잃은 백성처럼 마신 다음 날에는
003	한은형	그리너리 푸드	오늘도 초록
004	이재호	프랑스식 자취 요리	모쪼록 최선이었으면 하는 마음
005	김민철	치즈	치즈 맛이 나니까 치즈 맛이 난다고 했을 뿐인데
006	고수리	고등어	엄마를 생각하면 마음이 바다처럼 짰다
007	호원숙	엄마 박완서의 부엌	정확하고 완전한 사랑의 기억
008	허윤선	훠궈	내가 사랑하는 빨강
009	윤이나	라면	지금 물 올리러 갑니다
010	배순탁	평양냉면	처음이라 그래 며칠 뒤엔 괜찮아져
011	룬아	용기의 맛	아무렇지 않을 준비가 되었어
012	정의석	병원의 밥	미음의 마음
013	김민지	카레	카레 만드는 사람입니다
014	박찬일	짜장면	곱빼기 있어서 얼마나 다행인가
015	김자혜	식탁 독립	부엌의 탄생
016	봉달호	삼각김밥	힘들 땐 참치 마요
017	앤솔러지	싫어하는 음식	아니요, 그건 빼주세요
018	김미정	치킨	먹을 줄만 알았는데 시험에 들게 될 줄이야
019	이수희	멕시칸 푸드	난 슬플 때 타코를 먹어
020	하현	아이스크림	좋았던 것들이 하나씩 시시해져도
021	신지민	와인	방법은 모르지만 돈을 많이 벌 예정
022	염승숙 윤고은	소설가의 마감식	내일은 완성할 거라는 착각
023	김겨울	떡볶이	언제나 다음 떡볶이가 기다리고 있지
024	정연주	바게트	큰 손실은 곧 빵 손실이니까
025	임진아	팥	나 심은 데 나 자란다
026	안서영 이영하	돈가스	씩씩한 포크와 계획적인 나이프
027	곽아람	구내식당	눈물은 내려가고 숟가락은 올라가고
028	쩡찌	과일	여름이 긴 것은 수박을 많이 먹으라는 뜻이다

내가 좋아하는 것을 함께 좋아하고 싶은 마음,
띵 시리즈는 계속됩니다.